Bernd Flessner Die drei ???®
Trainingsbuch für Detektive

Bernd Flessner Die drei ???®
Trainingsbuch für Detektive

Illustriert von Alexander Jung

KOSMOS

Illustrationen von Alexander Jung

Umschlaggestaltung von eStudio Calamar, Spanien auf der Grundlage der Gestaltung von Aiga Rasch, Leinfelden-Echterdingen

Fotos von Birgit Kustermann und Ann-Katrin Heger

Illustration Seite 27 oben von Birgit Kustermann

ISBN 978-3-440-11576-3
Redaktion: Martina Zierold
Layout: Birgit Kustermann, Markus Schärtlein
Produktion: Ralf Paucke
Printed in Czech Republic / Imprimé en République tchéque

Inhalt

Justus' Werkstatt

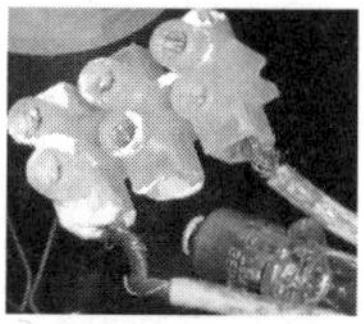

Peters Trainings-Tipps

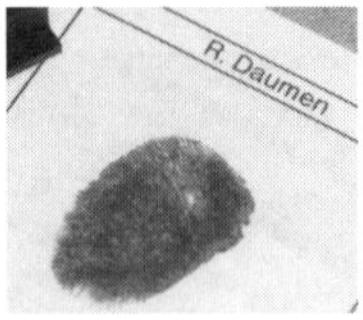

Bobs Archiv

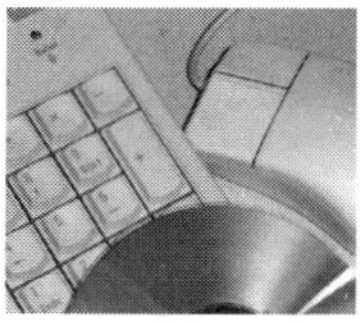

Trainings-Camp für Detektive

Die drei ???®
Justus, Peter und Bob

Liebe Krimi-Fans und Detektivkollegen,

nun haben wir, die drei ???® aus Rocky Beach, bereits über 100 spannende, verzwickte, unheimliche und zum Teil gefährliche Fälle gelöst. Und immer wieder werden wir gefragt, wie wir es schaffen, diese erfolgreiche detektivische Arbeit zu leisten. Die Antwort ist ganz einfach: Jeder von uns drei Detektiven hat bestimmte Kenntnisse und Fähigkeiten, die er in unsere gemeinsame Arbeit einbringen kann. Und all dies zusammen macht unseren Erfolg im Team aus.

Damit alle angehenden Detektive von unserem Wissen profitieren können, haben wir beschlossen, dass es das Trainingsbuch für Detektive geben soll. Hier erfahrt ihr, wie man professionelle Abhör- und Beobachtungsinstrumente baut, mit denen man Verdächtige leicht und unauffällig überwachen kann. Das Material, aus dem die Utensilien gebaut werden, ist schnell zu besorgen – vieles ist bestimmt bei euch zu Hause vorhanden. Ihr könnt also gleich mit der Herstellung eurer Detektiv-Ausrüstung beginnen und seid dann für den ersten heißen Fall gerüstet.
Außerdem gibt es noch jede Menge Tipps zu Verfolgungstechniken, Tarnung, Spurensuche und Spurensicherung am Tatort. Spezielle Übungen trainieren eure kriminalistischen Sinne und das detektivische Gedächtnisvermögen. Und ihr bekommt viele wertvolle Informationen zum Thema „Recherche und Archiv“, zum Erstellen von Personenbeschreibungen, Tathergangsbeschreibungen und Fahndungsplakaten.

Jeder von uns hat hier in diesem Buch seine besten Tipps und Tricks zusammengestellt. Justus informiert euch natürlich über Erfindungen und Denkarbeiten aller Art, Peter über detektivisches Verhaltenstraining und Bob erklärt euch die verschiedenen

Verfahren des Archivierens und Recherchierens.

Somit bietet das Trainingsbuch für Detektive wirklich alles, was der Hobby-Detektiv wissen muss, um spannende Fälle erfolgreich lösen zu können. Ganz zum Schluss gibt es dann noch das große Trainingscamp für Detektive: Hier könnt ihr das neu erworbene Wissen bei simulierten Fällen praktisch erproben und die selbstgebauten Ermittlungs-Utensilien einsetzen. Ihr seid „als Detektiv in geheimer Mission“ dem „Unbekannten auf der Spur“ oder müsst dem gestohlenen „Schwarzen Einser“ hinterherjagen und dabei alle eure detektivischen Fähigkeiten unter Beweise stellen.
Nach diesem Training seid ihr fit für jeden Fall!

Und jetzt wünschen wir allen unseren Detektivkollegen viel Spaß bei ihren Ermittlungen und spannende Fälle!

Justus, Peter und Bob

Die drei Detektive

Wir übernehmen jeden Fall

???

Erster Detektiv: *Justus Jonas*

Zweiter Detektiv: *Peter Shaw*

Recherchen und Archiv: *Bob Andrews*

Justus' Werkstatt

Eine gute und professionelle Detektivausrüstung ist teuer. Daher haben wir viele Instrumente und Hilfsmittel, die wir für unsere Ermittlungsarbeit benötigen, einfach selbst gebaut. Vieles konnten wir natürlich in Onkel Titus' Gebrauchtwarencenter finden. Wir haben ein bisschen gesucht und gewühlt und viele gebrauchte Gegenstände repariert oder umfunktioniert. Wir zeigen dir nun, wie du wichtige Utensilien, die du für deine Detektivarbeit brauchst, selbst bauen kannst. Die meisten Komponenten findest du sicher bei euch zu Hause. Du wirst sehen, es ist gar nicht so schwer, eine gute Detektivausrüstung selber herzustellen, die dir bei der Aufklärung vieler Fälle helfen wird.

Das Milchkarton-Periskop

Periskop: ausfahrbares, drehbares Fernrohr, bei dem die einfallenden Lichtstrahlen durch Spiegel im Winkel von 90° umgelenkt werden, so dass man um die Ecke oder über ein Hindernis sehen kann.

Durch eine Mauer oder eine Menschenmenge hindurchzuschauen ist unmöglich. Aber über sie hinwegzusehen, noch dazu, ohne selbst gesehen zu werden, das ist möglich. Mit dem Milchkarton-Periskop. Es ist zwar sehr einfach konstruiert, aber dennoch sehr wirkungsvoll. Mit ihm kann man um die Ecke oder über die Köpfe von Schaulustigen hinwegblicken. Im Prinzip gleicht es einem Sehrohr, wie es an Bord eines Unterseebootes zu finden ist.

Justus' Tipp

Klar, so eine Milchtüte ist für ein Periskop eine perfekte Tarnung. Aber die bieten auch andere Verpackungen, beispielsweise ein Saftkarton, eine Keksschachtel oder eine Dose für Kartoffelchips. Überlege einfach, was sich für dich am besten eignet oder was bei deinem aktuellen Fall die beste Tarnung bietet. Übrigens kann man in jedem guten Baumarkt Spiegelkacheln fürs Bad kaufen. Lass dir aus ein, zwei dieser dünnen und leichten Kacheln gleich mehrere passende Spiegel schneiden. Dann kannst du dir verschiedene Periskope bauen.

Als der alte Wohnwagen auf dem Schrottplatz – oder ‚Gebrauchtwarencenter', wie Onkel Titus sagen würde –, der uns als Zentrale dient, noch unter einem Berg von Schrott steckte und man nicht aus dem Fenster sehen konnte, installierten auch wir ein Periskop. Justus funktionierte dazu ein altes Ofenrohr um. Das war eine perfekte Tarnung und niemand ahnte, dass wir jeden, der das Gelände betrat, schon von weitem aus unserem Versteck beobachten konnten. Das Ofenrohr-Periskop hat uns schon viele Male sehr gute Dienste geleistet. Das leicht zu transportierende Milchkarton-Periskop bietet dir nun überall die Möglichkeit, Beobachtungen anzustellen, ohne dass jemand Verdacht schöpft.

▸ Du kannst verdächtige Personen beobachten, ohne selbst bemerkt zu werden. Wenn du es geschickt anstellst, sieht es so aus, als würdest du lesen wollen, was auf dem Milchkarton steht, oder die Milch trinken. Eine tolle Tarnung.

- Du kannst damit nicht nur über Mauern, sondern auch in Fenster hineinschauen.

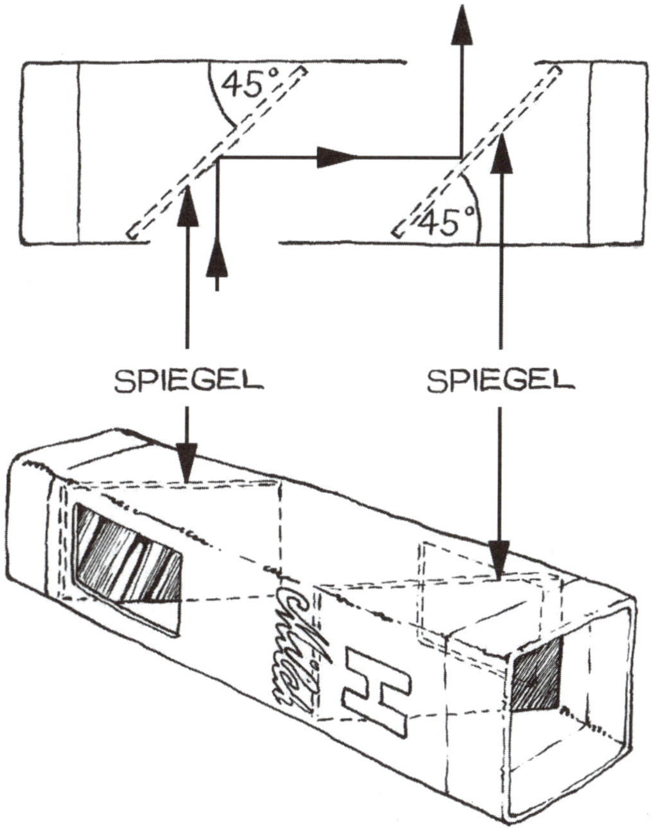

SO BAUST DU DEIN MILCHKARTON-PERISKOP

In eine Seite des Milchkartons schneidest du ziemlich weit oben eine Öffnung und eine zweite in die gegenüberliegende Seite ziemlich weit unten. Sieh dir vorher die Zeichnung von Justus ganz genau an. Öffne nun den Karton vorsichtig von oben und unten und klebe hinter jede Öffnung jeweils einen Spiegel im Innern fest. Die Spiegel müssen sich gegenseitig die Spiegelseiten zuwenden und schräg in einem Winkel von 45 Grad angebracht sein (Winkelmesser bzw. Geodreieck benutzen). Dabei müssen sie unbedingt parallel zueinander stehen. Fällt nämlich ein Lichtstrahl in eine Öffnung, wird er im 45-Grad-Winkel reflektiert und trifft nun auf den zweiten Spiegel, der ihn ebenfalls im 45-Grad-Winkel reflektiert. Addiert man beide Winkel, ergeben sich 90 Grad. So ist das „Um-die-Ecke-Schauen" möglich. Jetzt wird der Karton mit Klebeband oder Klebstoff wieder fest zugeklebt. Schon ist das Periskop fertig. Probiere es gleich aus, damit du siehst, ob du einen Fehler gemacht hast. Wenn es nicht richtig funktioniert, musst du die Spiegel noch mal neu einrichten.

Für den Bau benötigst du:

- **eine Schere**
- **einen sauberen Milchkarton**
- **zwei Taschenspiegel in passender Größe (kannst du dir auch vom Glaser oder im Baumarkt für wenig Geld passend zuschneiden lassen)**
- **Klebeband**
- **eventuell etwas Klebstoff**

Das Detektiv-Fernrohr

Wenn jemand durch ein Fernrohr schaut, glaubt jeder genau zu wissen, in welche Richtung diese Person blickt. Das Fernrohr selbst gibt die Richtung ja an. Diese Überzeugung kann sich ein Detektiv zu Nutze machen, indem er eine raffinierte Fernrohr-Attrappe baut. Sie sieht aus wie ein echtes Fernrohr, doch kann man mit ihr nicht in die Ferne, sondern um die Ecke schauen! So kannst du ungestört Verdächtige beobachten, ohne dass sie es merken. Denn sie werden denken, dass du etwas anderes genau betrachtest, beispielsweise Vögel oder andere Tiere. Das Fernrohr ist einfach ideal für Fälle, die dich ins freie Gelände führen.

Angelt der Angler wirklich? Ist der Bauer auf dem Feld echt? Was sucht der harmlos wirkende Spaziergänger im Papierkorb? Mit dem Detektiv-Fernrohr kannst du diesen und ähnlichen Fragen unauffällig auf den Grund gehen.

Justus' Tipp

Wenn du mit deinem Detektiv-Fernrohr auf Beobachtungstour gehst, nimm ein Bestimmungsbuch für Vögel oder andere Tiere mit. So kannst du jedem Neugierigen erklären, du müsstest für ein Referat in Biologie Vögel beobachten. Und wenn dir jemand die Frage stellt, ob er auch einmal durch das Fernrohr schauen kann, antworte ihm einfach, du hättest eine ansteckende Bindehautentzündung oder einen Hautpilz.

SO WIRD DIE FERNROHR-ATTRAPPE GEBAUT

Zuerst schneidest du die Papprolle mit dem Messer in zwei Teile. Eines sollte etwa 30 cm, das andere etwa 20 cm lang sein. In das längere Teil schneidest du mit dem Messer etwa 4 cm von der Öffnung entfernt ein ovales Loch für den Spiegel. Es sollte etwa die Form eines Hühnereies haben. Der Spiegel findet Platz auf einer ovalen Kartonscheibe, die etwas größer als der Spiegel ist. Klebe diese Scheibe vorsichtig in das Loch ein, und zwar so, dass sie gegenüber der Öffnung des Rohres einen Winkel von 45 Grad einnimmt. Am besten siehst du dir die Zeichnung an. Den Spiegel kannst du nun sicher auf diese Scheibe kleben. Er muss übrigens nicht oval sein, sondern kann auch rund oder sogar eckig sein. Wichtig ist nur, dass er auf der ovalen Kartonscheibe Platz findet.

Auf das zweite Rohr zeichnest du in Längsrichtung einen schmalen Streifen von ca. 1 cm Breite auf und schneidest ihn mit dem Messer aus dem Rohr heraus. Nun kannst du das Rohr zusammendrücken, so dass es sich als Okular in das größere Teil schieben lässt. Ein Okular ist der Teil eines optischen Instrumentes, in den man hineinschaut. Die entstandene Schnittstelle überklebst du mit einem Streifen Papier. Vorne verschließt du das Fernrohr mit dem Kunststoffdeckel der Pappröhre. Jetzt brauchst du das Fernrohr nur noch schwarz anzumalen, und schon kannst du auf die Pirsch gehen. Je echter das Fernrohr aussieht, desto besser!

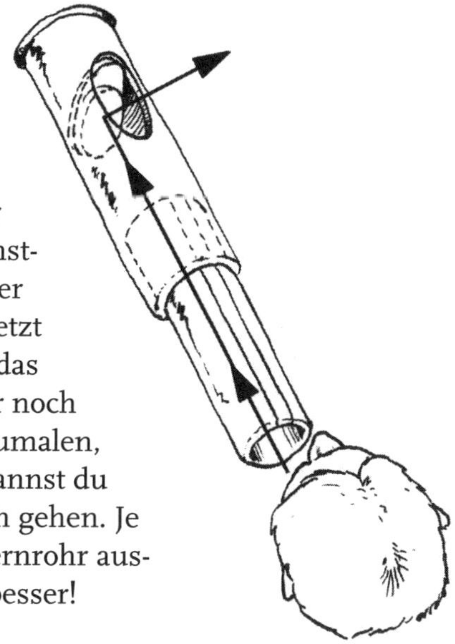

Für den Bau benötigst du:

- eine Papprolle mit Deckel zum Versenden von Zeichnungen und Plakaten (gibt es im Büro- und Schreibwarenhandel), ca. 50 cm lang
- einen runden Taschenspiegel
- ein Stück Karton
- Klebstoff
- schwarze Farbe (am besten Plaka)
- ein scharfes Messer
- eine Schere
- einen Streifen Papier
- Bleistift und Lineal

Das Observierungsbuch

Observieren: jemanden oder etwas genau beobachten

Den Trick kennt jeder Detektiv: Will man einen Verdächtigen in der Öffentlichkeit unauffällig observieren, nimmt man sich eine Zeitung, schlägt sie auf und reißt ein kleines Loch hinein. Durch dieses kann man dann beobachten. Doch dieser Trick ist mittlerweile viel zu bekannt und viel zu auffällig. Die Zeitung ist einfach out. Viel besser geeignet ist ein besonderes Observierungsbuch. Aus einem nicht mehr benötigten Taschenbuch kannst du es ohne große Mühe bauen. In der Mitte aufgeschlagen, hat es auf der linken Seite das bekannte Loch zum Durchschauen. Dieses ist klein und wird geschickt in das Titelbild mit einbezogen. Auf der rechten Seite kannst du mit einem kleinen Taschenspiegel beobachten, was hinter dir passiert. Ein auf diese Art und Weise präpariertes Buch ist der ideale Begleiter für jeden Detektiv, der unauffällig observieren will. Die Vorteile liegen klar auf der Hand:

- Das Buch ist einfach unauffälliger und handlicher als

Justus' Tipp

Mit dem Observierungsbuch kann man wirklich professionelle Detektivarbeit leisten. Observiert wird eine so genannte Zielperson, im Fachjargon ZP genannt. Da man dieser ZP folgen muss, heißt diese Form der Beobachtung „bewegliche Observation". Das Buch ist dabei besonders praktisch. Verlässt die ZP den Raum, schlägst du das Buch einfach zu und folgst ihr unauffällig. Statt des eingeklebten Spiegels nutzt du einfach die Spiegel, die dir die Straße bietet. Da du die ZP auf keinen Fall direkt ansehen darfst, kehre ihr, sooft es geht, den Rücken zu. Betrachte ihr Spiegelbild in einer Schaufensterscheibe oder einer Pfütze. Auch die Rückspiegel geparkter Autos leisten hervorragende Dienste. Und an jeder Bushaltestelle oder in der U-Bahn kannst du dann wieder dein Observierungsbuch aufschlagen.

Um ein Observierungsbuch selbst herzustellen, brauchst du folgendes Material:

- ein nicht mehr benötigtes, nicht zu dickes Taschenbuch (oder ein neues aus der Grabbelkiste eines Buchhändlers)
- eine kleine Schere oder Nagelschere
- einen Taschenspiegel (oder einen kleinen Spiegel vom Glaser bzw. vom Baumarkt)
- Klebstoff

eine großformatige Zeitung.

- Bei Gefahr wird es einfach zugeschlagen und verschwindet in einer Tasche. Braucht man es, hat man es ebenso schnell wieder zur Hand.

UND SO STELLST DU DEIN OBSERVIERUNGSBUCH HER

Sieh dir das Titelbild genau an und wähle eine passende Stelle für das Loch aus. Es muss sich unauffällig in das Titelbild einfügen. Schneide mit der Schere das Loch hinein, das einen Durchmesser von ca. 2 cm haben sollte. Jede Seite muss einzeln und vorsichtig geschnitten werden, damit das Loch sauber wird und sich die Seiten nicht wellen. Auf die rechte Seite klebst du, am besten in die rechte obere Ecke, einen kleinen Taschenspiegel (die Größe eines Passfotos reicht aus). Da der Spiegel eventuell zu schwer für eine Seite ist, kannst du ruhig ein paar Seiten zusammenkleben. So klappen sie nicht um und der Spiegel bleibt an seinem Platz.

Durchblick bei Milchglasscheiben

Das kennt jeder Detektiv: Kaum ist man einem Verdächtigen erfolgreich auf der Spur und hat ihn durch die halbe Stadt verfolgt, da verschwindet er auch schon hinter einer Tür. Noch dazu hat diese Tür keine durchsichtige Scheibe, sondern eine aus Milchglas. Doch stehst du vor der rauen Seite, kannst du einen einfachen Detektivtrick anwenden: Klebe einfach ein Stück Klarsichtfolie auf die Scheibe und schon hast du den Durchblick. Doch Vorsicht, auch der Observierte kann dich nun sehen! Nimm also kein zu großes Stück Folie und klebe sie auch nicht mitten auf die Scheibe, sondern am besten in eine Ecke. Dann kannst du schon mal einen Blick riskieren. Durchsichtige Klebefolie sollte in jedem Falle zu deiner Ausrüstung gehören.

ZWEI MÖGLICHKEITEN BIETEN SICH AN

- Eine Rolle mit breitem Klebefilm befindet sich immer in deinem Rucksack oder in deiner Hosentasche. Das ist sowieso sinnvoll, denn den Klebefilm kannst du auch für andere Aufgaben verwenden, wie z. B. zum Sichern von Fingerabdrücken. (Siehe Seite 78–79 in diesem Buch.)
- Klebe in die Umschlaginnenseite deines Observierungsbuches ein paar Streifen Klebefolie. Auf diese klebst du wiederum ein paar vorbereitete Stücke Folie mit gefalztem Rand, die du bei passender Gelegenheit ohne Mühe abziehen kannst.
- Als echter Detektiv hast du sicher immer einen Stift bei dir. Wickle einen Streifen Klebefilm an passender Stelle um den Stift. So hast du ihn immer griffbereit.

Justus' Tipp

Wenn du beim Observieren vor einer Tür stehst, brauchst du eine plausible Ausrede für den Fall, dass du gesehen oder erwischt wirst. Ein guter Detektiv lässt sich diese Ausrede nicht erst einfallen, wenn er gefragt wird, sondern überlegt sich vorher eine geeignete Strategie. Zum Beispiel kann man vorgeben, eine bestimmte Adresse zu suchen. Einen erfundenen Namen musst du natürlich parat haben. Auch kannst du behaupten, einen Brief überbringen bzw. in den Briefkasten einwerfen zu müssen. Damit diese Ausrede überzeugend klingt, solltest du für alle Fälle einen Briefumschlag mit einem unbeschriebenen Blatt dabeihaben. Er findet ebenfalls Platz in deinem Observierungsbuch. Andere Ausreden bleiben deiner Fantasie überlassen. Wenn du schnell reagierst und dir nichts anmerken lässt, schöpft auch niemand Verdacht.

Das Abhör-Stethoskop

Doch was tun, wenn man vor einer Tür landet, die einem keinen Einblick gewährt? In diesem Fall musst du von der Optik auf die Akustik umschalten. Statt zu sehen, musst du versuchen, etwas zu hören. Ohne Hilfsmittel ist das natürlich meistens ein hoffnungsloses Unterfangen. Aber mit den passenden Utensilien kannst du erfahren, was hinter einer geschlossenen Tür gesprochen wird. Am einfachsten ist eine Kunststoffdose (Jogurtbecher, Brotbox, Erdnussdose etc.), die man mit der offenen Seite auf das Türblatt aufsetzt. An den Boden der Dose hält man sein Ohr. Die Dose sammelt den

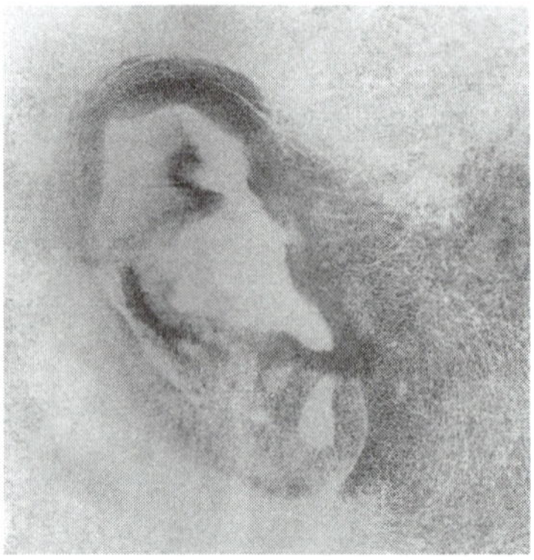

Ein Ohrabdruck, der mit Grafitpulver sichtbar gemacht wurde.

Schall und leitet ihn ans Ohr weiter. Auch die Papprollen, die sich im Inneren von Toilettenpapier und Küchentüchern befinden, sind bestens geeignet. Zwar klappt es auch mit einem Porzellantel-

Justus' Tipp

Nur professionelle Detektive sind auf einen Abhöreinsatz vorbereitet, Diebe und Einbrecher zumeist nicht. Sie lauschen gerne mit dem nackten Ohr an einer Tür, um sich zu vergewissern, dass niemand zu Hause ist. Dabei hinterlassen sie so genannte Ohrabdruckspuren, die für eine Ermittlung fast den gleichen Wert haben wie Fingerabdrücke. Noch dazu denken viele Einbrecher an Handschuhe, doch ihre Ohren vergessen sie. Es kann also sehr hilfreich sein, ein Türblatt nach Ohrabdruckspuren zu untersuchen und diese zu sichern. Das geschieht auf die gleiche Weise wie bei den Fingerabdrücken (Siehe Seite 78 – 79). An einem Ohrabdruck kann man einen Menschen wie an einem Fingerabdruck identifizieren.

ler, doch der ist sehr schwer und lässt sich nicht leicht verstauen.

Professionell ist natürlich ein richtiges Stethoskop, also ein Trichter, der den Schall sammelt und über einen Schlauch ans Ohr weiterleitet. Aber du brauchst kein Stethoskop, wie es ein Arzt verwendet, sondern du baust dir eines für Detektive. Es sollte in keiner Ausrüstung fehlen!

- Das Stethoskop wartet auf seinen Einsatz verborgen in deiner Jacke, deinem Rucksack oder deinem Mantel.
- Es ist bestens geeignet, um Gespräche und Geräusche zu belauschen, die hinter Türen und Fenstern stattfinden. Achte darauf, dass der Trichter fest auf dem Türblatt oder der Scheibe aufliegt.

SO BAUST DU DIR EIN ABHÖR-STETHOSKOP

Stecke den Trichter fest in ein Schlauchende und befestige ihn mit einem Stück Klebeband. Umwickle auch das andere Ende mit einem Stück Klebeband, und zwar zum Schutz deines Ohres. Schließlich soll das Schlauchende nicht kratzen oder gar dein Ohr verletzen, sondern sich problemlos aufsetzen lassen. Achte auch darauf, dass niemand in den Trichter ruft, wenn du das andere Schlauchende am Ohr hast.

Für den Bau benötigst du:

- **ein Stück Gartenschlauch. Die Länge bleibt dir überlassen. Nimmst du jedoch etwa 80 cm, so kannst du das Stethoskop leichter an Fensterscheiben halten, während du neben dem Fenster stehst. Falls deine Eltern dir kein Stück spendieren, kannst du es in jedem Baumarkt besorgen.**
- **einen ganz normalen Haushaltstrichter, dessen Spitze sich so verjüngt, dass sie sich in den Schlauch stecken lässt**
- **ein Stück festes Klebeband**

Das Dosentelefon

Der Vorschlag, im Zeitalter des Handys zum guten alten Dosentelefon zu greifen, klingt im ersten Augenblick ziemlich altmodisch. Doch in vielen Situationen kann es sehr nützlich sein. Gerade in Notfällen hat nämlich das Dosentelefon gegenüber dem Handy entscheidende Vorteile:

- Es funktioniert ohne Strom und ist also auch dort einsetzbar, wo elektromagnetische Felder (Überlandleitungen etc.) den Empfang von Handys stören.
- Es ist auch in abgelegenen Regionen einsetzbar, in denen ein Handy vergeblich nach einem Netz sucht.
- Ein Abhören der Gespräche durch Hacker und Computerfreaks ist nicht möglich.
- Selbst lange Telefongespräche kosten keinen Cent.

UND SO KONSTRUIERST DU DAS DOSENTELEFON

Schlage mit dem Nagel in den Boden jeder Dose ein kleines Loch – möglichst in die Mitte des Dosenbodens. Stecke in jedes Loch von der Bodenseite her ein Schnurende, ziehe es ein Stück heraus und mache einen großen und festen Knoten hinein. Wenn du Jogurtbecher verwendest, ist es besser, das Loch mit der Spitze des Nagels oder einem richtigen Bohrer zu bohren.

Für den Bau benötigst du:

- eine 20 m bis 30 m lange, dünne und feste Schnur
- zwei leere Konservendosen, sauber und ohne scharfe Kanten, oder zwei feste Jogurtbecher
- einen Hammer und einen Nagel

Schon kannst du mit deinem Partner telefonieren. Wichtig ist natürlich, dass die Schnur immer straff gespannt ist und nirgends anstößt. Wenn du ein bisschen übst, die ideale Länge der Schnur herausfindest und die richtige Lautstärke deiner Stimme ermittelst, kannst du von einem Versteck zu einem anderen ohne Mühe Nachrichten übermitteln.

Justus' Tipp

Wenn du denkst, mit einem Dosentelefon können sich nur zwei Personen unterhalten, hast du dich geirrt. Es ist nämlich ohne Probleme möglich, die Schnur mit weiteren Anschlüssen zu versehen, indem du weitere Schnüre an die erste knotest. Sind alle Schnüre straff gespannt, kannst du eine richtige Konferenzschaltung aufbauen. Und noch ein Tipp: Wenn du die Telefonschnur an einer weiteren kurzen Schnur an einem Ast oder einem Brett aufhängst, kann sie auch um eine Ecke geführt werden. Irgendwo anstoßen darf sie natürlich trotzdem nicht. Die kleine Schnur, an der du die eigentliche Telefonschnur befestigst, verhält sich wie ein weiterer Anschluss. Zwar endet die Vibration an einem Ast oder Haken, doch in der eigentlichen Schnur wird sie weitertransportiert. Probier es einfach einmal aus. Mit dem etwas antiquierten Dosentelefon kann man nämlich eine ganze Menge machen. Wenn du es geschickt anfängst und eine der Dosen vorsichtig mit etwas Klebeband an der Scheibe eines Fensters befestigst, kannst du mit etwas Glück sogar ein Gespräch belauschen. Achte darauf, dass die Dose einen guten Kontakt mit dem Glas hat.

Die Morsestation

Erfunden wurde der Morsetelegraf übrigens von dem Amerikaner Samuel Morse (1791–1872), der seine Erfindung 1837 zum Patent anmeldete. Auch das Morsealphabet stammt natürlich von ihm:

Morse-Abc

A	·–
B	–···
C	–·–·
D	–··
E	·
F	··–·
G	––·
H	····
I	··
J	·–––
K	–·–
L	·–··
M	––
N	–·
O	–––
P	·––·
Q	––·–
R	·–·
S	···
T	–
U	··–
V	···–
W	·––
X	–··–
Y	–·––
Z	––··

· = kurz
– = lang

Und noch ein Klassiker, der viel mehr zu bieten hat, als man auf den ersten Blick meint. Für Detektive hat ein eigener Morseapparat große Vorteile:

- Die Morseverbindung ist unabhängig vom Telefonetz.
- Der Draht kann verborgen verlegt werden, so dass niemand weiß, dass zwischen zwei Räumen oder Verstecken eine Verbindung besteht.
- Die Morsesignale werden per Lichtzeichen übermittelt, sie sind also völlig lautlos.
- Kaum jemand versteht Morsezeichen. Selbst wenn ein Unbefugter die Lichtsignale beobachtet, kann er sie nicht entziffern.

SO WIRD DIE MORSESTATION GEBAUT

Schneide mit der Schere vorsichtig vier 4 cm lange und 1 cm breite Streifen aus dem Blech der Konservendose und befestige sie mit vier kleinen Nägeln so auf einem Ende des Brettes, dass du die beiden Batterien dazwischen einklemmen kannst. Bevor du die Nägel ganz einschlägst, verbinde die beiden hinteren Blechstreifen mit einem Stück Draht. Mit den vorderen Nägeln warte, bis du die Stationen verdrahtest. Beachte dabei, dass die Batterien nicht gleich ausgerichtet sind, sondern immer ein Plus- neben einem Minuspol liegt. Außerdem dürfen die Blechstreifen nur die Pole der Batterien berühren. Befestige sie anschließend mit etwas Klebeband.

Etwa in der Mitte des Brettchens machst du mit Klebeband oder zwei Nägeln die Fassung mit der Birne fest. Für die eigentliche Morsetaste musst du nochmals zwei Blechstreifen schneiden, die 7 cm lang und 1 cm breit sind. In das Ende der Streifen schlägst du mit einem großen Nagel jeweils ein Loch. Einen Streifen nagelst du parallel zum Ende des Brettchens an, den anderen im rechten Winkel zum ersten, und zwar so, dass er mit seiner Spitze den ersten berührt, sobald man ihn herunterdrückt. Damit dies auch geht, muss dieser Streifen, der als Morsetaste dient, vorher leicht nach oben gebogen werden. Auch sein Ende mit dem Loch muss nach oben gebogen werden, um den Draht anzuschließen. Auf die gleiche Weise wird die zweite Morsestation gebaut. Nun verdrahtest du sie, wie auf der Zeichnung zu sehen ist, und dann kannst du loslegen. Die Drahtenden müssen vorher natürlich von der Isolation befreit werden, damit der Strom fließen kann. Ritze hierzu die Plastikummantelung vorsichtig mit einem Messer ein und entferne das Plastikstück, indem du es zwischen Daumen und Schneidefläche des Messers klemmst und kräftig ziehst. Vorsicht, verletze dich dabei nicht!

Überlege dir nun genau, wo du die Morsestationen aufstellst und wo du den Draht verlegst.

UND DANN KANN'S LOSGEHEN

Wenn du alles wie angegeben gebaut hast, braucht dein Partner nur seine Morsetaste zu drücken, und das Lämpchen deiner Station leuchtet auf – und umgekehrt. Natürlich musst du vorher das Morsealphabet erlernen. Du brauchst die Station auch nicht abzuschalten, denn wenn keine Taste gedrückt ist, fließt auch kein Strom.

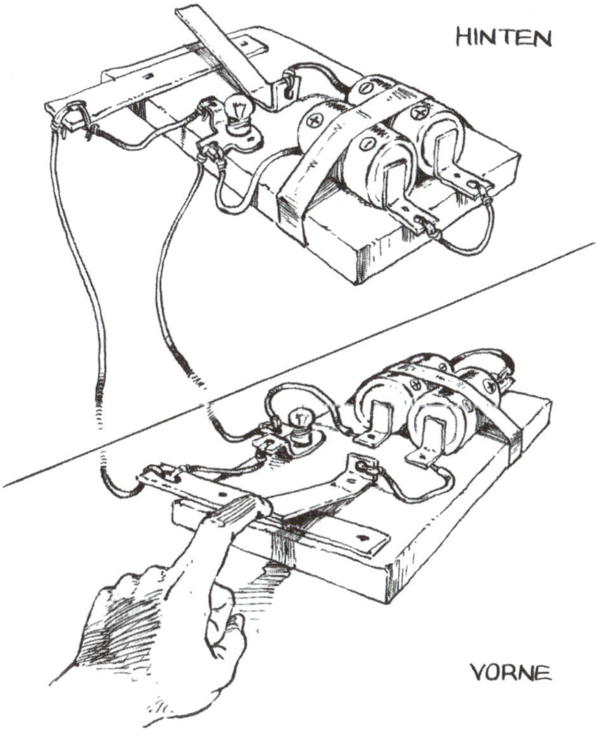

Für den Bau benötigst du:

- zwei Holzbrettchen, etwa 10 cm mal 20 cm groß (z. B. zwei Stücke von einer Profilholzlatte absägen; gibt es in jedem Baumarkt)
- vier 1,5-Volt-Batterien (Mono bzw. Typ D)
- eine leere Konservendose
- mindestens 10 m isolierten Draht (Klingeldraht)
- kleine Nägel, einen großen Nagel
- zwei Birnchen für Fahrradrücklichter samt Fassungen (gibt es im Fahrradhandel)
- Klebeband
- Hammer, Kombizange
- Säge
- Blechschere (eine Geflügelschere oder eine entsprechend große Haushaltsschere ist ebenfalls geeignet)

Das Codierrad

**Codieren: eine Botschaft durch ein mit dem Empfänger verabredetes System verschlüsseln.
Der Text, der sich so ergibt, besteht, zumindest für „nicht Eingeweihte", nur aus einer sinnlosen Aneinanderreihung von Worten und Zahlen. Fachleute nennen diese Art der Geheimhaltung von Nachrichten *Kryptologie.***

Kryptologie: die Lehre von der Ver- und Entschlüsselung. Kryptos (= griechisch) bedeutet verborgen, geheim.

Wenn du einen wirklich wichtigen Text an einen Partner übermitteln willst, musst du ihn allerdings verschlüsseln. Sonst kann ihn jeder lesen, der ihn abfängt oder aus deiner Tasche klaut. Um das zu verhindern, kannst du das Codierrad einsetzen, ein einfaches, aber wirkungsvolles Instrument. Wenn du damit eine Botschaft verschlüsselst, kann dir kaum etwas passieren, denn vor allem kurze Nachrichten sind so fast nicht zu knacken.

UND SO MACHST DU DAS CODIERRAD

Kopiere die Vorlage aus dem Buch und klebe sie auf den Karton. Schneide die beiden Buchstabenräder aus und steche mit dem spitzen Ende der Schere vorsichtig ein Loch in den Mittelpunkt jeder Scheibe. Lege nun die kleine auf die große Scheibe und verbinde beide Scheiben

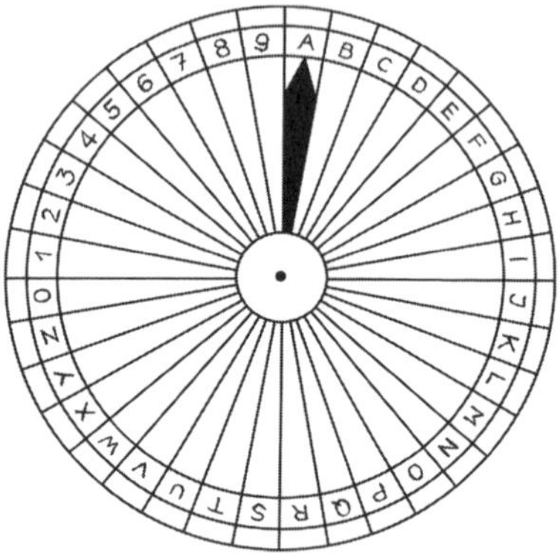

mit der Briefklammer, die als Achse dient. Fertig ist dein Codierrad. Natürlich benötigt auch dein Partner ein solches Rad.

Willst du ihm eine geheime Botschaft übermitteln, müsst

Für den Bau benötigst du:

- ein Stück nicht zu schweren Karton
- eine Briefklammer (zum Verschließen einer größeren Briefsendung)
- Klebstoff
- eine Schere

Justus' Tipp

Eine weitere einfache, aber sehr wirkungsvolle Methode ist die Linealverschlüsselung. Hierzu legst du ein Lineal auf ein Blatt Papier und schreibst deine Botschaft so hin, dass der erste Buchstabe genau über der 0, der zweite über der 1, der dritte über der 2 steht usw. Anschließend entfernst du das Lineal und füllst die Zwischenräume deines Textes mit beliebigen Buchstaben aus.

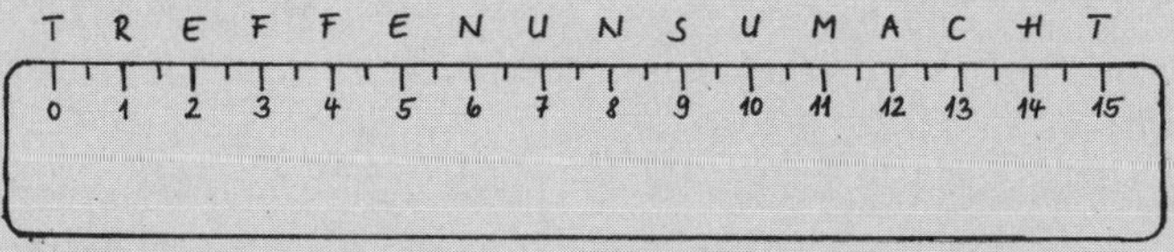

Nun sieht der Text aus wie eine sinnlose Aneinanderreihung von Buchstaben. Nur der in die Verschlüsselungsmethode eingeweihte Empfänger weiß, was er zu tun hat: Er legt einfach ein Lineal genau so unter den Text, dass der erste Buchstabe wieder unter der 0 steht. So kann er die Botschaft ganz leicht entziffern!

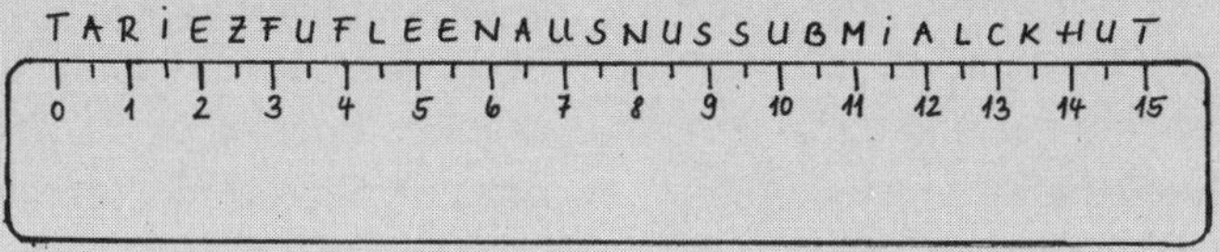

ihr vorher einen Codebuchstaben vereinbaren, z. B. das L. Drehe nun die kleine Scheibe so, dass das L unter dem A der großen Scheibe steht. Aus allen Buchstaben und Ziffern der großen werden nun die Buchstaben und Ziffern der kleinen Scheibe. Lautet deine Botschaft z. B.
TREFFEN IN ZENTRALE,
so wird daraus:
42PQQPY TY APY42LWP
Das kann keiner entziffern, es sei denn, er hat ein Codierrad und kennt den Codebuchstaben L.

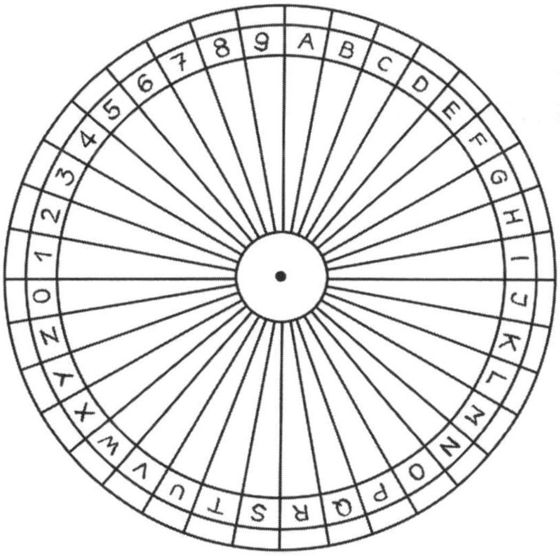

Die Größe der hier abgebildeten Codierrad-Scheibe ist optimal für den Transport in deiner Brieftasche. Du kannst die Vorlage beim Kopieren natürlich auch beliebig vergrößern!

Die Geheimtinte

Chiffrieren: eine Nachricht in Geheimschrift verfassen

Dechiffrieren: eine Nachricht, die in Geheimschrift verfasst wurde, wieder entschlüsseln

Noch geheimer wird eine geheime Botschaft natürlich, wenn sie mit unsichtbarer Tinte geschrieben wird. Denn ein weißes, unbeschriebenes Blatt Papier lockt nicht sofort Neugierige an. Wenn du allerdings ganz sichergehen willst, dann chiffriere deine Nachricht zuerst mit dem Codierrad (S. 26–27) und schreibe sie dann mit unsichtbarer Tinte auf.

Justus' Tipp

Diese Methoden sind natürlich nicht ganz unbekannt, doch mit ein paar zusätzlichen Tricks kannst du mögliche Spione, die deine geheimen Botschaften lesen wollen, gut hinters Licht führen. Schreibe z. B. per Hand oder mit dem Computer eine scheinbar verdächtige Botschaft. Sie soll einen möglichen Neugierigen ablenken. Dabei hat diese Botschaft selbst keine Bedeutung, denn wichtig ist eine ganz andere, nämlich die, die wortwörtlich zwischen den Zeilen steht. Du hast nämlich so viel Abstand gelassen, dass Platz war für ein paar Zeilen, geschrieben mit Zitronensaft. Und noch ein Tipp: Stecke deine offizielle Geheimbotschaft in einen Briefumschlag. Die eigentliche Botschaft aber schreibst du auf den Umschlag selbst. Wenn du diese auch noch mit dem Codierrad verschlüsselst, kann nichts mehr passieren.

ZWEI METHODEN SIND BESONDERS GUT GEEIGNET

- Ein trockenes Stück Papier wird auf ein nasses gelegt. Auf dem trockenen wird die Botschaft mit einem Kugelschreiber geschrieben. Nun wird das nasse Papier getrocknet, und es sieht aus wie ein unbenutztes Papier. Erst wenn du es wieder nass machst, taucht die durchgedrückte Schrift wie aus dem Nichts auf. Einfach, aber genial.
- Statt mit gewöhnlicher Tinte wird die Botschaft mit Zitronensaft geschrieben (Milch und Essig gehen auch). Benutze einfach einen normalen Federhalter (gibt es im Schreibwarenhandel) und frisch gepressten Zitronensaft. Ist der Text getrocknet, ist er unsichtbar. Erst wenn du das Stück Papier erwärmst, wird der Text als braune Schrift wieder sichtbar. Als Wärmequellen eignen sich eine eingeschaltete Glühbirne, eine Kerze oder eine aufgedrehte Heizung.

Milch
NEU

Die Lesezange

Für den Bau benötigst du:

- eine Kerze
- den Draht eines Kleiderbügels
- Klebeband
- eine Kombizange

Nicht immer ist das Codieren und Dechiffrieren einer Botschaft das Problem, sondern vielmehr das Entziffern von Texten, die eigentlich gar keine sind beziehungsweise keine mehr sind. Hat z. B. ein Verbrecher eine Nachricht erhalten und anschließend verbrannt, ist nicht mehr viel zu machen. Es sei denn, er hat das brennende Papier achtlos im Aschenbecher oder Mülleimer zurückgelassen. Wenn der Papierbogen noch im Ganzen oder in großen Teilen erhalten ist, gibt es nämlich eine kleine Chance, den Text doch noch zu lesen. Allerdings nur für einige Sekunden. Du brauchst das verbrannte Stück Papier nur ein zweites Mal vorsichtig zu erhitzen, und das darauf Geschriebene erscheint noch einmal für einen kurzen Moment, bevor es endgültig zerfällt.

SO BASTELST DU DIR EINE LESEZANGE

Besorge dir einen Kleiderbügel aus Draht und biege daraus mit Hilfe der Kombizange eine Zange, an deren Spitzen sich zwei Ringe befinden, die exakt aufeinander passen (Zeichnung). Die Ringe sollten einen Durchmesser von ca. 5 cm haben. Wenn du mehrere Kleiderbügel erwischst, kannst du dir Zangen mit verschiedenen Durchmessern zurechtbiegen. Umwickle den Griff mit einigen Lagen Klebeband. Mit dieser besonderen Zange kannst du ein Stück verkohltes Papier vorsichtig greifen und über eine brennende Kerze halten. Sollte auf dem Blatt etwas geschrieben worden sein, kannst du, kurz bevor das Papier er-

neut Feuer fängt, für einen kurzen Moment die Schrift lesen. Am besten hast du also einen Partner oder Zeugen zur Hand.
Apropos Hand: Diese solltest du dir auf keinen Fall verbrennen! Sei also sehr vorsichtig!

SCHRIFT WIEDER ZUM VORSCHEIN BRINGEN

Hat jemand auf einem Block einen Text geschrieben und das Blatt abgetrennt, kannst du versuchen, der nachfolgenden, also der nun ersten Seite des Blocks, die Nachricht zu entlocken. Besorge dir einfach einen weichen Bleistift und mache vorsichtig eine Schraffur über das Blatt. In den meisten Fällen hebt sich die durchgedrückte Schrift ab.

Was aber machst du, wenn du nur noch einige aufgeweichte Papierfetzen retten kannst, die vielleicht so schon seit langer Zeit in irgendeinem feuchten Versteck vor sich hin modern? Entweder steckst du sie ganz vorsichtig mit einer Briefmarkenpinzette (die mit den flachen Spitzen) in eine Dokumentenfolie, so dass du sie gut betrachten und anfassen kannst. Oder du benutzt Klebefolie, auf die du die Papierfragmente klebst. Vor allem sehr empfindliche Papiere können dann nicht weiter zerfallen.

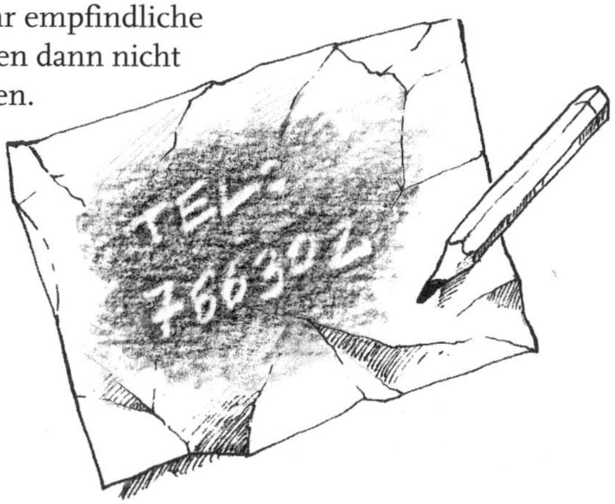

Justus' Tipp

Manchmal kommt es vor, dass man schon vorher weiß, dass ein Verdächtiger sich eine Adresse oder Telefonnummer auf einem Block notieren wird. In diesem Fall solltest du diesen Block rechtzeitig präparieren. Schneide ein Stück Kohlepapier (gibt es immer noch in jeder Schreibwarenhandlung) in die passende Größe und lege es zwischen die zweite und die dritte Seite. Zwischen die erste und die zweite Seite wäre natürlich zu auffällig. Sobald der Verdächtige seine Notiz gemacht, den Zettel abgerissen hat und verschwunden ist, kannst du den durchgeschriebenen Text mühelos lesen!

Das Identi-Kit

Das Wort „Identi-Kit“ ist übrigens aus den Wörtern „Identität“ und dem englischen Wort „Kit“, was so viel wie Ausrüstung heißt, zusammengesetzt.

Ein Verdächtiger ist in der Nähe des Tatorts gesehen worden. Doch wie hat er ausgesehen? In diesem Fall erstellt die Polizei mit Hilfe eines geübten Zeichners, eines Computers oder des klassischen Identi-Kits ein Phantombild. Ein solches Identi-Kit besteht aus verschiedenen Folien, die unterschiedliche Frisuren, Bärte, Nasen, Augen, Münder und Ohren zeigen. Nach den Angaben der Zeugen werden sie übereinander gelegt und ergeben so das Gesicht eines Gesuchten. Auch für die Detektiv-Arbeit ist ein eigenes Identi-Kit sehr hilfreich.

UND SO KOMMST DU ZU DEINEM IDENTI-KIT

Suche dir aus alten Illustrierten möglichst viele und unterschiedliche Portrait-Fotos heraus, also Bilder, die ein Gesicht von vorne zeigen. Diese Bilder müssen ungefähr die gleiche Größe haben (auf ein paar Millimeter Unterschied kommt es nicht an). Achte auch darauf, dass diese Gesichter möglichst unterschiedlich sind. Du brauchst verschiedene Frisuren, Augenfarben, Nasen und Münder. Außerdem sollten die Bilder groß sein.

Klebe die Portraits auf Karton und zerschneide sie an-

Du benötigst dafür:

- einige Bögen festen Karton (aus dem Bastelladen)
- einige alte Illustrierte
- Schere
- Klebstoff
- Klarsicht-Folien für Projektoren (gibt es auch im Bastelladen)
- schwarzen Filzstift (für Folien geeignet)
- Büroklammern

Justus' Tipp

Wenn du nach einer Person suchen willst, musst du natürlich Kopien von deinem Phantombild erstellen. Am besten legst du es einfach auf einen Fotokopierer oder den Scanner deines Computers. Pass gut auf, dass nichts verrutscht, dann kannst du es mühelos reproduzieren. Jetzt brauchst du es nur noch allen Club-Mitgliedern in die Hand zu drücken, und schon läuft die Fahndung nach dem Unbekannten.

schließend in vier Streifen. Einen Kartonstreifen für die Haar- und Stirnpartie, einen für die Augen- und Ohrenpartie, einen schmalen für die Nasenpartie und einen für die Mund- und Kinnpartie. Die jeweiligen Streifen müssen immer die gleiche Größe haben, so dass man aus ihnen alle nur denkbaren neuen Gesichter zusammensetzen kann. Je mehr Gesichter du hast, umso besser. Zehn sollten es jedoch mindestens sein. Bewahre sie sorgfältig in einem Karton auf, sortiert nach Geschlecht, Haarfarben, Haarlängen, Augenfarben ...

Nun kann die Befragung von Zeugen beginnen. Beginne am besten mit dem Geschlecht, der Kopfform, den Haaren, ihrer Länge und Farbe, und vervollständige dann nach und nach das Gesicht. Wenn es ungefähr stimmt, lege die Projektor-Folie über das fertige Gesicht und befestige sie mit Büroklammern. Mit einem schwarzen Filzstift für Folien kannst du nun die Details ergänzen: den schmalen Oberlippenbart, die Haaransätze, den Leberfleck, die Brille. Denn genauso machen es die Profis von der Kriminalpolizei. Das geht einfach und man braucht nicht tausend Bärte, Augenbrauen und Frisuren. Fertig ist dein Phantombild!

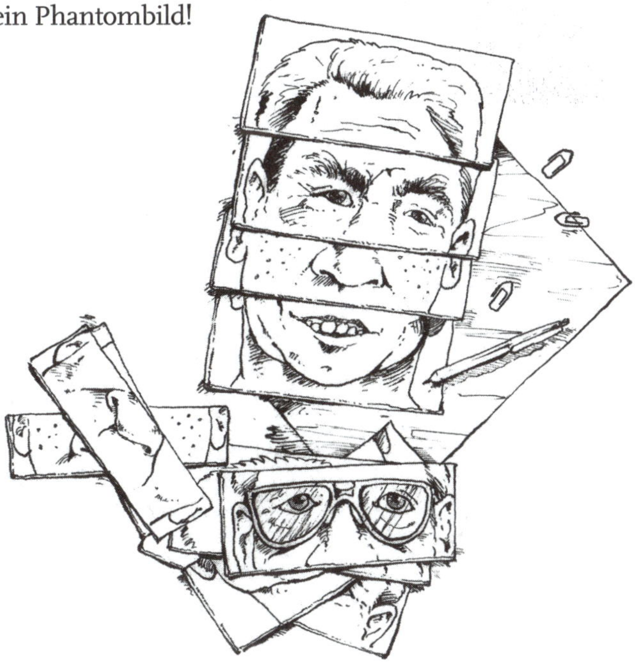

Der Handkopierer

Apropos kopieren. Oft kann man als Detektiv in eine Situation kommen, in der man einen Kopierer sehr gut gebrauchen könnte, aber keiner in der Nähe ist. Plötzlich gelangt man in den Besitz einer wichtigen Zeichnung, eines brisanten Plans oder einer verräterischen Karte. In diesem Fall kann ein Handkopierer sehr nützlich sein. Auch ohne Strom und Fotokopiergerät kannst du Zeichnungen maßstabsgetreu kopieren und dabei lautlos arbeiten, ohne Spuren zu hinterlassen.

UND SO KONSTRUIERST DU DIR EINEN HANDKOPIERER

Umklebe zuerst die Glasscheibe mit dem Klebeband, damit du dich nicht verletzen kannst. Nun baue aus den Holzleisten eine einfache Halterung, in die du die Glasscheibe stecken kannst. Als Bodenplatte dient eine breite Leiste, auf die zwei schmale Leisten nebeneinander geleimt werden, die die Scheibe festhalten. Noch stabiler wird die Halterung, wenn du die beiden schmalen Leisten mit Nägeln befestigst.

Justus' Tipp

So ein Handkopierer ist eine feine Sache. Er sollte in keinem Detektiv-Büro fehlen. Ist jedoch einmal kein Handkopierer griffbereit, kann ein Fenster die Lösung sein. Fällt Tageslicht ins Zimmer, legst du einfach ein weißes Blatt Papier auf die Vorlage und hältst beides gegen ein Fenster. Nun kannst du die Zeichnung mit einem weichen Bleistift durchpausen. Im Jargon der Kriminalpolizei wird diese Methode übrigens Durchfenstern genannt. Urkundenfälscher kopieren nämlich auf diese Weise Unterschriften.

Stelle die Scheibe vor dir auf den Tisch. Links neben die Scheibe legst du das Original, also die Zeichnung, und rechts neben die Scheibe legst du ein weißes Blatt Papier. Nun richte eine Schreibtischlampe oder andere Lichtquelle so aus, dass das Original gut beleuchtet wird. Nur von dieser Lampe darf das Licht kommen, andere Lichtquellen stören das entstehende Bild.

Denn wenn du jetzt von links, also von der Seite der Vorlage her, durch die Scheibe schaust, siehst du auf dem weißen Blatt Papier ein genaues Abbild der Vorlage. Ohne Mühe kannst du die Zeichnung oder die Karte nachzeichnen. Dieser Effekt ist übrigens eine Folge der Reflexion des Lichtes durch die Glasscheibe.

Für den Bau benötigst du:

- eine kleine, dünne Glasscheibe, beispielsweise aus einem alten Bilderrahmen. Hast du keine zur Hand und lässt dir eine Scheibe vom Glaser zuschneiden, ist das DIN-A4-Format ideal, also etwa 20 x 30 cm.
- Klebeband
- etwas Holzleim oder Klebstoff
- einige Holzleisten für die Halterung
- Papier
- Zeichenstifte

Die Unterwasser-lupe

Teiche, Seen und Weiher sind bei Verbrechern sehr beliebt, denn hier können sie leicht ihre Beute oder ihre Tatwaffen verschwinden lassen. Wir haben in einem unserer spannenden Fälle – dem „Karpatenhund“ – selbst einmal erlebt, wie schwierig es sein kann, im Wasser verstecktes Beutegut zu finden. Doch wie kann man in einem Weiher nach versenkten Gegenständen suchen? Die Polizei setzt für diese Aufgabe natürlich Taucher ein.

Doch ein guter Detektiv kann auch ohne teure Tauchausrüstung auf den Boden eines Teiches oder Sees schauen. Er muss dieses Problem nur mit Köpfchen und dem richtigen Instrumentarium lösen. Ohne Hilfsmittel kann man gar nicht oder nur mit Mühe ins Wasser hineinschauen, denn die Wasseroberfläche reflektiert das Sonnenlicht. Spiegelungen und Verzerrungen sind die Folge. Aber mit der Unterwasserlupe kann man sie austricksen.

Für den Bau benötigst du:

- **eine große Blechdose mit mindestens 20 cm Durchmesser (z. B. eine große Würstchendose) oder einen alten Kunststoffeimer**
- **einen Dosenöffner (oder ein scharfes Messer)**
- **durchsichtige, feste Kunststofffolie (gibt es im Baumarkt)**
- **einen großen Gummiring, Klebeband oder einen Bindfaden**

SO BAUST DU DIE UNTERWASSERLUPE

Hast du dich für die Dose entschieden, öffne mit den Dosenöffner den Boden und entferne ihn wie den Deckel. Hast du einen Eimer zur Verfügung, schneide mit dem Messer ein rundes Guckloch in den Boden (Vorsicht, schneide dich dabei nicht!). Spanne nun die Folie über eine Öffnung der Dose bzw. die Öffnung des Eimers. Sorge dafür, dass sie straff und faltenfrei sitzt. Damit die Folie so bleibt, umwickelst du die Dose bzw. den Eimer mit Band oder Klebeband. Bei der Dose hat sich auch ein großes Gummiband sehr bewährt.

Wenn du die Unterwasserlupe mit der Folienseite leicht ins Wasser drückst, kannst du gut beobachten, was dort unter der Wasseroberfläche so alles verborgen ist. Denn die Folie wölbt sich durch den Wasserdruck konkav, das heißt, sie nimmt die Form einer Lupe an. Sie wirkt nun wie ein Vergrößerungsglas und zeigt alles, was es unter Wasser zu sehen gibt.

Justus' Tipp

Gangster lassen ihre Beute oder ihre Werkzeuge in den meisten Fälle nicht allzu weit vom Ufer verschwinden. Eine Suche in der Mitte eines Teiches lohnt sich daher kaum, denn sehr weit kann man schwere Gegenstände nun einmal nicht werfen. Gehe bei deiner Suche besser gezielt und effizient vor. Überlege dir genau, wo DU eine Beute versenken würdest, wo DU eine Tatwaffe ins Wasser werfen würdest. Halte Ausschau nach einem Anleger, einem Steg, nach Fußspuren im Schilf, nach einer Brücke. Nur diese Stellen versprechen Erfolg. Und wenn es vom Ufer aus nicht geht, miete dir ein Ruderboot. Aber Vorsicht! Eine Suche mit der Unterwasserlupe ist nichts für Nichtschwimmer.

Detektiv-Gedächtnistraining

Nichts ist für einen Detektiv wichtiger, als sich Gesichter merken zu können sowie die Orte, an denen er sie gesehen hat. Um diese wichtige Fähigkeit zu trainieren, spielen Detektive gerne das von Justus erfundene Detektiv-Memory®.

UND SO BASTELST DU DIR DEIN PERSÖNLICHES DETEKTIV-MEMORY®
Schneide aus dem Karton 30 Kärtchen im Format 7 x 7 cm aus. Suche aus den alten

Illustrierten 15 Portraits (die Verdächtigen) und 15 Fotos von Häusern, Straßen, Plätzen oder Landschaften (die Tatorte) aus. Schneide sie aus und klebe sie so auf die Kärtchen, dass unten noch Platz für eine Bildunterschrift ist. Wähle 15 Paare aus, die jeweils einen Ort und eine Person zeigen. Jedes Paar versiehst du mit einem Namen. Es gibt also z. B. eine Karte namens Ede und ein Tatortbild

Justus' Tipp

15 Verdächtige und 15 Tatorte sind schon allerhand. Doch für einen echten Profi immer noch zu wenig. Wenn du das Detektiv-Memory® ein paar Mal gespielt hast, kannst du ruhig noch 5 Paare drauflegen. Das erhöht den Reiz ungemein. Außerdem lohnt es sich, nach einer gewissen Zeit einige Kartenpaare auszutauschen, weil du den Kartensatz schon gut kennst. Ist aber das Detektiv-Memory® immer in Bewegung, musst du es auch sein. Neue Gesichter und neue Orte verhindern, dass du einrostest.

namens Ede. So kannst du die gesuchte Person einem bestimmten Ort zuordnen. Gespielt wird nach den bekannten Memory®-Regeln. Beim Detektiv-Memory® kommt es natürlich darauf an, sich zu merken, welche Personen bei welchem Tatort gesehen worden sind.

Mentale Übungen mit Justus

Detektiv-Arbeit ist im Wesentlichen Kopfarbeit. Das haben wir oft genug erfahren. Man braucht wirklich seine ganzen kognitiven Fähigkeiten, um schwierige Fälle zu lösen. Und da sich diese mentalen Fähigkeiten trainieren und steigern lassen, haben wir ein paar Tests und Übungen für dich zusammengestellt, mit denen du deine grauen Zellen auf Trab bringen kannst.

Mnemotechnik für Autokennzeichen

Mnemotechnik: die Kunst, das Gedächtnis durch Hilfsmittel zu unterstützen; vgl. Mnemosyne = griechische Göttin des Gedächtnisses

Das alte Detektiv-Problem: Eine Person steigt in ein Auto und fährt davon. Du hast keine Chance, ihr zu folgen. Da hilft nur eins, nämlich schnell hinschauen und das Autokennzeichen merken. Automarke und Wagenfarbe natürlich auch. Doch das alles ist schnell wieder vergessen, vor allem, wenn sich die Ereignisse überschlagen und einem die Zeit fehlt, sich das Kennzeichen aufzuschreiben. Daher sollten Detektive das Merken von Autokennzeichen trainieren und Merkhilfen nutzen, die im Fachjargon als Mnemotechniken bezeichnet werden. Man kann sie aber auch einfach Eselsbrücken nennen.

UND SO WIRDS GEMACHT

- Bilde aus den Buchstaben des Kennzeichens schnell einen Satz. Heißt das Kennzeichen z. B. **HH–P 17**, kann der Satz lauten: „Habe Hunger – Pizza".

  Wie du siehst, muss der Satz nicht vollständig sein. Er muss sich nur gut merken lassen. So kann aus **GL–E 88** „Glühende Liebe – Erna" werden und aus **N–JJ 56** „Nehme jeden Job".
- Wenn du mit anderen Clubmitgliedern durch die Stadt gehst, übe das Bilden dieser kurzen Sätze. Jeder von euch übernimmt ein Kennzeichen und muss blitzartig einen Satz bilden.
- Statt Sätzen sind auch Namen geeignet. **HH–P 17** könnte man sich also auch

als „Hogwarts Harry Potter“ merken. Auch diese Methode hat sich in der Praxis sehr bewährt. Außerdem kommt es oft genug vor, dass die Buchstaben eines Kennzeichens ohnehin mit einer Abkürzung identisch sind, die sich leicht merken lässt, z. B. **N–DR 89** (Norddeutscher Rundfunk), **S–SV 13** (Sommerschlussverkauf) oder **B–MW 175**. Hier musst du nur die Abkürzung schnell erfassen.

▸ Und die Zahlen? Hier suchst du am besten nach Vergleichen, Entsprechungen oder bekannten Zahlen. Die 13 ist die „Unglückszahl“, bei der 7 merkst du dir die „sieben Zwerge“, bei der 89 denkst du an einen Freund, der in einem Haus mit der Hausnummer 89 wohnt, bei der 15 an das Alter deiner Schwester usw. Wichtig ist nur, dass du die Zahl einer dir bekannten Sache oder Tatsache zuordnest. Später fällt es dir dann leicht, dich wieder daran zu erinnern.

▸ Als kleine Übung kopiere die abgebildeten Autokennzeichen auf ein Blatt Papier und schneide sie aus. Lege sie in einer beliebigen Reihenfolge auf den Tisch und versuche dir die Kennzeichen und ihre Reihenfolge innerhalb einer Minute einzuprägen. Wende dich von den Kennzeichen ab und schreibe sie auf einen Zettel der Reihenfolge nach auf. Wie viele der neun Kennzeichen hast du dir merken können?

Justus' Tipp

Auch professionelle Gedächtniskünstler arbeiten mit dieser Mnemotechnik, auch sie suchen sich für Buchstaben oder Zahlen entsprechende Bilder, Dinge oder Sätze, an die sie denken. Sie wenden übrigens noch eine weitere Technik an, indem sie an ein vertrautes Zimmer denken und jeden Buchstaben und jede Zahl, die sie sich merken wollen, einem Gegenstand in diesem Zimmer zuordnen. Die 1 ist das Telefon, die 2 das Bild an der Wand, die 3 der Schreibtisch und so weiter. Die Zahlen oder Buchstaben werden so zu seinem Rundgang durch das Zimmer. Um sich zu erinnern, brauchen sie im Geiste nur diesen Rundgang zu wiederholen. Diese Technik des Merkens und Erinnerns lässt sich übrigens sehr gut trainieren. Sie kann dir auch in der Schule sehr nützlich sein.

Reaktionstest für Detektive

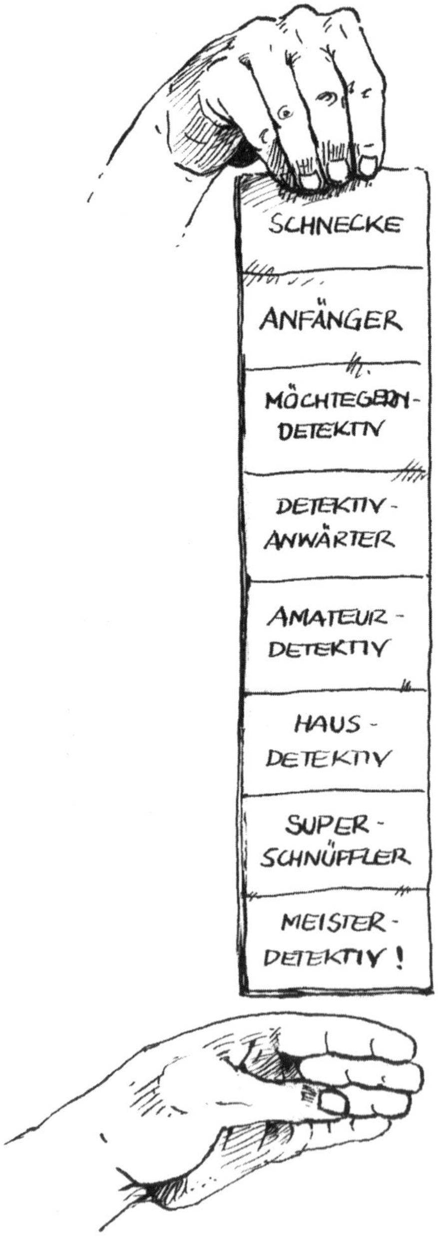

Detektive müssen schnell reagieren. Von ihrem Reaktionsvermögen kann die Lösung eines Falls abhängen. Es sollte daher unbedingt getestet und trainiert werden. Am einfachsten geht dies mit einem Reaktionstest für Detektive.

Du brauchst dafür:

- festen Karton
- Papier
- eine Schere
- Klebstoff
- einen Stift
- ein Lineal

UND SO KREIERST DU DIR DEINEN EIGENEN TESTSTREIFEN

Schneide aus dem Karton einen Streifen von 5 cm Breite und 40 cm Länge. Schneide aus dem Papier einen gleich großen Streifen aus und klebe ihn auf den Karton. Er lässt sich besser beschriften. Ziehe mit deinem Lineal

Querstriche im Abstand von 5 cm, so dass du acht Felder erhältst. Ins unterste Feld schreibst du Meisterdetektiv, ins zweite Superschnüffler, ins dritte Hausdetektiv, ins vierte Amateurdetektiv, ins fünfte Detektivanwärter, ins sechste Möchtegerndetektiv, ins siebte Anfänger und ins achte Schnecke.
Nun kann der Test beginnen: Ein Partner hält mit einer Hand den Teststreifen. Unterhalb des ersten Feldes mit der Aufschrift Meisterdetektiv hältst du Daumen und Zeigefinger zum Zugriff bereit und achtest mit deinen Augen genau auf den Teststreifen. Plötzlich und ohne Ankündigung wird er von deinem Partner fallen gelassen und du greifst so schnell wie möglich zu. Wo kriegst du ihn zu fassen? Beim Meisterdetektiv? Beim Amateurdetektiv? Oder reicht es nur bis zur Schnecke? Nun ist dein Partner dran. Wer von euch ist schneller?

Diesen Test solltest du trainieren und regelmäßig wiederholen, denn deine Reaktionszeit lässt sich steigern …

Du kannst das Kartonstück auch mit Klebestreifen auf einem Lineal befestigen. Auf diese Weise erhöhst du das Gewicht des Kartonstreifens und er fällt noch schneller nach unten. Der Schwierigkeitsgrad wird also gesteigert, um die Reaktionsgeschwindigkeit der Testperson noch besser zu trainieren … und du wirst sehen, Übung macht den Meister(detektiv) aus dir!

Justus' Tipp

Wenn du ein echter Profi bist, kannst du den Test schwieriger gestalten. Wiederhole ihn beispielsweise mit verbundenen Augen. In diesem Fall ruft dein Partner „Jetzt!", wenn er den Streifen fallen lässt. Du reagierst also nicht auf ein optisches, sondern auf ein akustisches Signal. Bist du nun schneller oder langsamer?
Statt des Rufes kann dein Partner dich auch berühren oder anstoßen. Jetzt reagierst du auf ein taktiles Signal. Auf welches Signal reagierst du am besten?

Detektiv-Aufmerksam-keits-Test

Dieser Test wird einem Kandidaten, vielleicht sogar einem neuen Clubmitglied, vorgelegt. Er muss innerhalb von 60 Sekunden beantwortet werden. Natürlich darf der Kandidat die Fragen vorher nicht kennen. Die Aufgaben bzw. Fragen stehen im Kasten links.

Aufmerksamkeitstest für Detektive:

1. **Lies dir zunächst alle Aufgaben des Tests durch!**
2. **Nenne drei berühmte Detektive aus der Kriminalliteratur!**
3. **Wie nennt man den Nachweis eines Verdächtigen, zur Tatzeit nicht am Tatort gewesen zu sein?**
4. **Ist Hercule Poirot, der berühmte Detektiv von Agatha Christie, Belgier, Franzose oder Schweizer?**
5. **Wie nennt man den Gehilfen eines Verbrechers?**
6. **Wie nennt man einen Nachschlüssel?**
7. **Wie nennt man einen gefälschten Geldschein?**
8. **Was sind Indizien?**
9. **Welche Farben haben die drei ??? ?**
10. **Nenne drei Hilfsmittel, auf die ein Detektiv nicht verzichten kann!**
11. **Wie heißt die US-amerikanische Bundespolizei?**
12. **Wie heißt die oberste und wichtigste britische Polizeibehörde?**
13. **Welcher Meisterdetektiv wurde von Astrid Lindgren erfunden?**
14. **Wie wird ein Abhörmikrofon noch genannt?**
15. **Wenn du diese Aufgaben durchgelesen hast, beantworte sie auf keinen Fall!**

AUSWERTUNG DES TESTS

Bestanden hat nur ein Kandidat, der keine der Fragen beantwortet, sondern tatsächlich der ersten Anweisung gefolgt ist, alle Aufgaben durchgelesen und sich dann an die letzten Anweisung gehalten hat! Bei diesem Test geht es also darum, sich erst einen Überblick zu verschaffen und dann zu handeln. Wer jedoch die erste Anweisung nicht beachtet und wild drauflos die Aufgaben zu lösen beginnt, um sie in 60 Sekunden zu bewältigen, hat schon verloren.

Der Wahrnehmungs-Blitztest

In diesem Test geht es um deine Wahrnehmung. Was siehst du, wenn du etwas siehst? Wie genau siehst du hin? Aber bitte nicht schummeln, sonst bist du nachher nicht so verblüfft, wie Peter und Bob es waren, als ich den Test mit ihnen durchgeführt habe!

Lies diesen Text einmal schnell durch und zähle dabei, wie viele „F“ darin vorkommen:

Wahrnehmungs-Blitztest

FINISHED FILES ARE
THE RESULT OF YEARS
OF SCIENTIFIC STUDY
COMBINED WITH THE
EXPERIENCE OF YEARS.

Geschafft? Wie viele „F“ hast du gezählt? Drei? Vier? Falsch, es sind genau sechs! Liegst du richtig, liegst du gut. Falls nicht: Zurück nach oben und noch mal lesen! Der Grund für deine mögliche Irritation in der Wahrnehmung liegt darin, dass das Gehirn das Wort „OF“ nicht verarbeiten kann. Wer alle sechs F auf Anhieb zählt, ist ein Genie; drei ist normal, vier selten.

Justus' Rätseltest

Dieser Test ist ein echter Klassiker. Es kommt dabei nicht auf Wissen, Intelligenz oder mathematische Fähigkeiten an, sondern auf dein Kombinationsvermögen, deine Kreativität und deine mentale Flexibilität. Und davon besitze ich bekanntlich eine ganze Menge. Auch kommt es nicht darauf an, den Test in einem Atemzug zu lösen, denn das ist bislang noch niemandem gelungen. Im Gegenteil, nur wenige Testpersonen schaffen beim ersten Versuch, mehr als die Hälfte der Fragen richtig zu beantworten. Viele Personen berichteten uns jedoch, dass sie auf Antworten gestoßen sind, lange nachdem sie den Test zur Seite gelegt hatten. Besonders zu unerwarteten Zeitpunkten, wenn das Gehirn entspannt war, stießen sie auf Lösungen und konnten den Test über eine Dauer von mehreren Tagen lösen. Genauso wird es dir ergehen, und das entspricht ja auch der Detektivarbeit. Oft genug muss man sich an die Lösung eines Falls längere Zeit „herandenken“.

Nun geht es los. Erraten werden sollen Dinge oder Zusammenhänge, die mit Hilfe von Zahlen und Buchstaben definiert sind. Die Lösungen sind stets eindeutig!

Rätseltest

Beispiel: 1000 g sind ein Kg
Lösung: 1000 Gramm sind ein Kilogramm

1. 26 B im A
2. 7 Ww
3. 12 Sz
4. 9 P im Ss
5. 19 Gr im GG
6. 0 G C ist die T bei der W g
7. 18 L auf dem Gp
8. 90 G im r W
9. 4 Q in einem Kj
10. 24 S hat der T
11. 2 R hat ein F
12. 11 S in einer Fm
13. 29 T hat der F in einem Sj
14. 32 K in einem Sb
15. 64 F auf einem Sb
16. 5 F an einer H
17. 16 Bl hat D
18. 60 S s e M
19. 3 W aus dem Ml

Die Lösungen sind hier übrigens in Spiegelschrift abgebildet, du kannst das Geschriebene leicht entziffern, wenn du einen Spiegel senkrecht auf das Blatt stellst und den Text in Spiegelschrift liest. Auf den folgenden Seiten kannst du das Lesen eines spiegelverkehrten Textes ohne Spiegel trainieren.

Lösungen

1. 26 Buchstaben im Alphabet |2. 7 Weltwunder |3. 12 Sternzeichen |4. 9 Planeten im Sonnensystem |5. 19 Grundrechte im Grundgesetz |6. 0 Grad Celsius ist die Temperatur, bei der Wasser gefriert |7. 18 Löcher auf einem Golfplatz |8. 90 Grad im rechten Winkel |9. 4 Quartale in einem Kalenderjahr |10. 24 Stunden hat der Tag |11. 2 Räder hat ein Fahrrad |12. 11 Spieler in einer Fußballmannschaft |13. 29 Tage hat der Februar in einem Schaltjahr |14. 32 Karten in einem Skatblatt |15. 64 Felder auf einem Schachbrett |16. 5 Finger an einer Hand |17. 16 Bundesländer hat Deutschland |18. 60 Sekunden hat eine Minute |19. 3 Weise aus dem Morgenland

Der Spiegelschrift-Test

Oft kommt es vor, dass man einen wichtigen Text nicht in aller Ruhe lesen kann, sondern sich in einem Versteck befindet und den Text nur kurz und noch dazu auf dem Kopf stehend sieht. Außerdem kann es passieren, dass der Text nur mit Hilfe eines Spiegels zu lesen ist oder von vornherein in Spiegelschrift geschrieben wurde. Viele Linkshänder, darunter auch so bekannte Namen wie Leonardo da Vinci, schrieben bzw. schreiben ihre Texte gerne in Spiegelschrift. Doch auch das Lesen dieser Texte kann man trainieren. Versuche also einmal, die nachfolgenden Texte schnell zu entziffern. Zwei sind spiegelverkehrt und einer ist nicht nur spiegelverkehrt, sondern steht auch noch auf dem Kopf.

Für alle Detektive ist es wichtig, die Welt aus verschiedenen Blickwinkeln zu betrachten. Oft entdeckt man wirklich Überraschendes, wenn man die bekannte Sichtweise ändert und hinterfragt.

Man muss Gedanken auch einmal auf den Kopf stellen können, um zu neuen, cleveren Lösungen zu kommen.

Geschärfte Sinne kommen allerdings immer dazu. Bei dieser Übung lernst du, Sätze, die du in Spiegelschrift oder auf den Kopf gestellt siehst, schnell zu erfassen.

Justus' Tipp

Während langer Autofahrten kannst du von deinem Platz auf der Rückbank aus in einen Taschenspiegel schauen und versuchen, im Spiegelbild das Kennzeichen des Fahrzeugs hinter dir zu entziffern. Wenn du dich umdrehst und direkt auf das Nummernschild schaust, kannst du überprüfen, ob du richtig gelesen hast.

Spu
1
R. Daumen
Rechte

Peters Trainings-Tipps

Ein guter und erfolgreicher Detektiv muss natürlich fit sein, und zwar in jeder Hinsicht. Er braucht nicht nur eine richtige Ausrüstung, sondern muss auch ein paar Tricks beherrschen, die sich in der Praxis bewährt haben. Niemand weiß das besser als wir. Außerdem muss ein Detektiv auch einige der Methoden anwenden können, mit denen die Kriminalpolizei arbeitet. Er muss gut beobachten, Nachrichten unauffällig übermitteln, Spuren erkennen und sichern und Verdächtige beschreiben können. Und damit auch du ein richtiger Profi wirst, verraten wir dir hier einige Trainings-Tipps, die Peter für dich zusammengestellt hat.

Professionell auf Bäume klettern

Auf Bäume klettern? Das kann doch jeder! Doch dieser Schluss ist allzu voreilig, denn ein guter Detektiv besteigt ja keinen Baum nur so zum Spaß. Außerdem kannst du dir den Baum nicht einfach aussuchen und ein Exemplar auswählen, das sehr leicht zu besteigen ist. Verfolgst du beispielsweise einen Verdächtigen durch ein Waldstück, muss er sich für den Baum entscheiden, der die beste Tarnung oder die beste Übersicht bietet. Du hast mit großer Wahrscheinlichkeit wenig Zeit zur Verfügung und musst extrem vorsichtig sein, denn einen Absturz kannst du dir noch weniger leisten als jemand, der nur zu seinem Vergnügen auf Bäume klettert.

UND NOCH EIN PAAR ANDERE DINGE MUSST DU BEACHTEN

▸ Lege vor dem Klettern alles ab, was dich behindern könnte, also den Rucksack, deine Jacke oder deinen Mantel. Platziere alles aber so, dass es nicht jeder gleich sieht (mit Laub tarnen) und dass du alles schnell wieder an dich nehmen kannst.

- Armbanduhren, Ketten oder Ringe können beim Klettern gefährlich werden, denn leicht bleibt man damit irgendwo hängen. Also ab damit in eine sichere Tasche.
- Fehlen dem Baum im unteren Bereich Äste, angle dir einen der höheren Äste mit einem Stock und ziehe ihn auf Griffweite herunter. Jetzt kannst du dich gut festhalten. Ein schräg an den Baum gestellter großer Ast ist auch eine gute Kletterhilfe.
- Du darfst den Baum nicht so kraftvoll besteigen, dass jeder Ast dabei wie eine Fahne hin- und herschwingt und dich so verrät.
- Achte auf totes Holz und abgestorbene Äste, auf die du auf keinen Fall treten darfst. Sie brechen leicht und verraten dich durch lautes Knacken. Außerdem riskierst du einen Absturz.
- Denke nicht nur an den Auf-, sondern auch an den Abstieg. Wähle deine Route so – und merke sie dir gut –, dass du schnell wieder heruntersteigen kannst, wenn Gefahr droht.
- Achte besonders auf nasse oder moosbewachsene Äste, von denen man leicht abrutschen kann. Sie sind für ein schnelles und sicheres Erklettern nicht geeignet.
- Gehe immer auf Nummer sicher und kein Risiko ein. Ein sicherer Halt ist immer besser als ein Fahndungserfolg. Stürzt du ab, nützen dir deine ganzen Beobachtungen nichts, und die ZP entwischt.

Peters Tipp

Für die geübten Baumkletterer habe ich noch einen tollen Tipp für eine Kletterhilfe. Hat nämlich ein Baum im unteren Bereich wirklich keinen Halt zu bieten, kann dein Gürtel die Lösung sein. Allerdings nur, wenn es ein fester Ledergürtel ist. Ziehe ihn aus den Gürtelschlaufen der Hose und schnalle ihn im ersten Loch zu einem Ring fest zusammen. Stelle dich unmittelbar vor den Baum und stecke beide Füße durch den Gürtelring. Er soll etwa auf der Höhe der Knöchel sitzen. Halte dich mit den Händen gut am Baum fest, mache einen kleinen Sprung und bilde mit deinen Füßen eine Zange, die den Stamm umklammert. Der Gürtel verhindert, dass sich dieser Zangengriff lösen kann. Nun greife schnell um und halte dich etwas weiter oben am Baum fest und mache erneut einen kleinen Sprung mit deiner Fußzange. Wenn du diese Klettertechnik ein bisschen trainierst, wirst du sehen, wie einfach und sicher sie ist. Halt, eins ist noch wichtig: Pass auf, dass du bei der Aktion deine Hose nicht verlierst!

Wege und Türen präparieren

Oft kommt es vor, dass man eine Tür oder einen Weg präparieren muss, um sich zu vergewissern, dass niemand sonst ihn kennt oder gar benutzt hat. Gerade bei wichtigen Verstecken oder geheimen Treffpunkten muss man sich ganz sicher sein, dass man ungestört ist. Hier sind ein paar Tricks, mit denen wir gute Erfahrungen gemacht haben.

OUTDOOR

- Lege auf den Weg gut sichtbar ein Geldstück, ganz so, als hätte es jemand verloren. Kaum jemand kann der Versuchung widerstehen, es aufzuheben und mitzunehmen. Fehlt es, weißt du Bescheid.
- Luftschlangen eignen sich nicht nur für Partys. Mit etwas Wasserfarbe aus dem Malkasten erhält eine Luftschlange die passende Tarnfarbe für den zu präparierenden Weg. Dann spannst du den dünnen Papierstreifen in 25 – 30 cm Höhe quer über den Weg, und zwar so, dass er möglichst nicht zu erkennen ist. Passiert ein Unbefugter den Weg, zerreißt er die Luftschlange, ohne es zu merken. Und falls er es doch merkt, hat er bestimmt keine passende Luftschlange dabei, um sie gegen die zerrissene auszutauschen.
- Auch die Zweige von Bäumen und Sträuchern eignen sich, um einen geheimen Weg zu präparieren. Biege einige Zweige so zusammen und verhake sie mit einigen Blättern, dass sie den Weg blockieren. Sie dürfen sich nicht von alleine lösen und müssen ganz natürlich aussehen. Ein Fremder, der den Weg benutzt, wird die Zweige natürlich auseinander reißen, um weitergehen zu können.

▸ Noch einfacher geht es im Laubwald. Nimm einen Eimer Matsch mit und schütte ihn über den Weg. Tarne den Matsch mit umliegenden Blättern, wie sie überall auf dem Waldboden liegen. Die Fußabdrücke, die ein Neugieriger hinterlässt, sind später nicht zu übersehen.

INDOOR

▸ Liegt ein Läufer oder Teppich auf dem Boden, präpariere ihn folgendermaßen: Rolle den Läufer ein Stück zurück, lege ein weißes Blatt Papier auf den Boden und auf dieses ein Blatt Kohlepapier, streue einige Reiskörner darauf, lege hierauf wiederum vorsichtig ein weiteres Blatt Papier. Nun rolle den Läufer vorsichtig über deine Falle, ohne Druck auf sie auszuüben. Am besten legst du mehrere dieser Kohlepapierfallen aus. Wird nun der Läufer von jemandem betreten, hinterlassen die Reiskörner dank des Kohlepapiers deutliche Spuren auf dem unteren weißen Papier. Auch Treppenstufen, auf denen ein Läufer liegt, lassen sich so gut präparieren.

▸ Ist kein Teppich oder Läufer vorhanden, musst du für künstlichen Dreck sorgen. Je nach Bodenbeschaffenheit und Farbe streust du etwas Sägemehl, Sand, Erde, Mehl, Kakaopulver etc. so auf den Boden, dass die Verteilung des künstlichen Drecks wie echter Schmutz aussieht und nicht umgangen werden kann. Tritt also jemand hinein, hinterlässt er unweigerlich Spuren.

TÜREN

▸ Klemme beim Schließen der Tür ein kleines, unauffälliges Stück Papier zwischen Türblatt und Türzarge ein. Merke dir die Stelle genau. Fehlt das Papier beim nächsten Öffnen oder steckt an einer anderen Stelle, weißt du, dass du während deiner Abwesenheit Besuch hattest.

▸ Zupfe dir ein Haar aus, klebe es mit ein bisschen Spucke mit einem Ende an die Türzarge und mit dem anderen Ende an das Türblatt. Hält das Haar mit der Spucke nicht, nimm ganz wenig Klebstoff von einem Klebestift. Suche dir eine unauffällige Stelle knapp über dem Boden aus. Fehlt das Haar beim nächsten Mal, ist alles klar: Hier muss jemand gewesen sein! Auch die Türen von Schränken oder Schubladen von Kommoden und Schreibtischen lassen sich übrigens so präparieren.

Peters Tipp

Wenn du bemerkst, dass jemand die Tür zu einem Raum geöffnet hat, denke immer daran: Der Eindringling könnte sich noch im Zimmer befinden. Also Vorsicht, wenn du eintrittst! Bist du dir sicher, dass niemand mehr da ist, kannst du natürlich Fingerabdrücke und andere Spuren sichern, um die Identität des unbekannten Besuchers herauszufinden. **(Siehe dazu Seite 78–79)**

Wege und Türen markieren

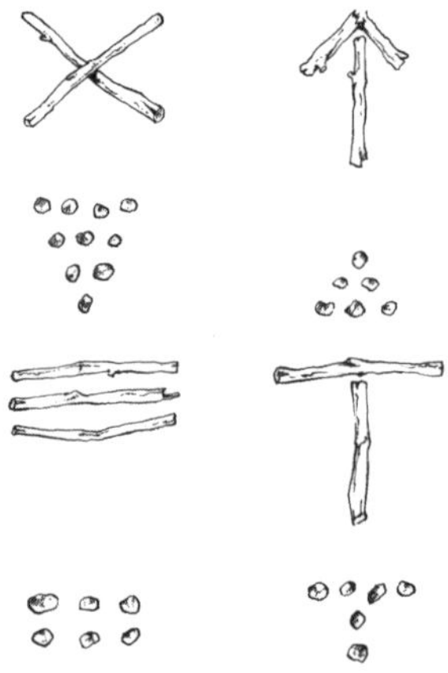

Hier ein paar Vorschläge für Zeichen aus Holz und Steinen.

Ebenso oft kommt es vor, dass man einen Weg oder eine Tür markieren muss, um einen Partner vor einer möglichen Gefahr zu warnen oder ihm einen wichtigen Tipp zu geben. Am besten eignen sich für diese Aufgabe verschiedene Zeichen, die jedoch möglichst unauffällig anzubringen sind. Außerdem muss die Bedeutung dieser Zeichen geheim bleiben, damit nur du und dein oder deine Partner sie verstehen. Entwickle also einen eigenen Code, den sonst niemand deuten kann. Dass du darauf achten musst, fremde Türen nicht zu beschädigen, versteht sich dabei für einen guten Detektiv von selbst.

WEGE

- Bei Straßen hat sich die überall erhältliche Straßenkreide sehr bewährt. Sie wird von vielen Kindern gerne für Schnitzeljagden und Hüpfspiele verwendet. Daher ist sie auch unauffällig, denn wer weiß schon, dass dein kleines Kreuz eine wichtige Nachricht für deinen Partner ist. Ein Stück Straßenkreide sollte also unbedingt zu deiner Ausrüstung gehören. Da es sie in verschiedenen Farben gibt, kann man übrigens auch den Farben eine Bedeutung zuweisen. Rot könnte zum Beispiel „Gefahr!" bedeuten, Grün wiederum „Bleibe auf diesem Weg!".
- Bei Wald- oder Feldwegen kannst du Zeichen mit kleinen Zweigen hinterlassen, die du auf besondere Weise geknickt oder übereinander gelegt hast. Für einen Unbeteiligten müssen diese Zeichen natürlich wie zufällig am Wegesrand liegende Zweige aussehen. Nur dein Partner weiß, wo er diese Zeichen findet und was sie bedeuten.
- Sind keine Zweige vorhanden, verwende einfach ein paar Steine. Auch in diesem Fall müssen die Zeichen natürlich unauffällig sein (damit sie niemand zerstört),

und dein Partner muss wissen, wo er mit diesen Zeichen zu rechnen hat.

TÜREN UND FLURE

▸ In jedem Schreibwarenhandel kann man kleine Blöcke mit selbstklebenden Notizzetteln kaufen. Es gibt sie in verschiedenen Farben und Größen. Ideal ist die Passfotogröße, da man einen Block in diesem Format gut verstauen kann. Ein weiterer Vorteil ist, dass sich diese Notizaufkleber jederzeit wieder leicht entfernen lassen. Zum einen kannst du mit verschiedenen Farben arbeiten. Ein roter Aufkleber kann z. B. eine Warnung sein. Klebt er an einer Tür oder einem Briefkasten, kann dies bedeuten, dass du dieses Haus auf keinen Fall betreten sollst. Findest du hingegen einen grünen Aufkleber vor, musst du sogar durch diese Tür, denn dein Partner hat diesen Weg auch gewählt.

▸ Natürlich kannst du auf diesen Notizaufklebern auch richtige Nachrichten hinterlassen. Allerdings musst du darauf achten, dass sie niemand sonst versteht. Am besten klebst du sie sowieso an eine Stelle, auf die nicht gleich jeder aufmerksam wird, zum Beispiel unter einen Briefkasten, hinter eine Zaunlatte, unter die Fußmatte oder unter den Handlauf eines Geländers. Diese markanten Stellen müssen natürlich mit deinem Partner abgesprochen sein.

▸ Auf die gleiche Weise kannst du auch Hauseingänge und Flure markieren. Wähle ebenfalls abgesprochene und verborge Stellen für deine Botschaften.

▸ Hast du gerade keine Aufkleber zur Verfügung, setze vorsichtig deine Straßenkreide ein und hinterlasse kleine und unauffällige Zeichen. Hast du auch die Kreide nicht zur Hand, verwende schmale Streifen von ganz normalem Papier und klemme sie irgendwo ein, zum Beispiel hinten einen Briefkasten, in eine Fuge oder unter einen Läufer.

▸ Eine andere Möglichkeit ist, dass jeder Detektiv eine Kreide mit einer bestimmten Farbe benutzt. Wenn einer von uns drei ??? eine Markierung anbringt, wissen die beiden anderen sofort, wer es war, ohne dass der Name dabeisteht. Justus benutzt nämlich weiße Kreide, ich blaue und Bob rote.

Peters Tipp

Seit jeher benutzen Diebe und Bettler besondere Zeichen, um Hauseingänge zu markieren. Diese Zeichen werden Gauner- oder Bettlerzinken genannt und in die Hauswand geritzt oder mit Kreide gezeichnet. Ein senkrechtes Kreuz (†) bedeutet zum Beispiel, dass man hier Frömmigkeit heucheln muss, um etwas zu bekommen. Ein x bedeutet, dass man in diesem Haus nichts bekommt. Aus zwei Gründen können wir diese Zeichen nicht verwenden. Einerseits sind sie noch immer vielen Menschen bekannt, andererseits braucht ein Detektiv Zeichen, die ganz andere Bedeutungen haben. Denkt euch also eigene Zeichen aus, die nur ihr versteht.

Kleidung markieren

Natürlich kann man nicht nur Wege und Türen markieren, sondern auch Kleidungsstücke. Denn oft genug ist ein guter Detektiv in der Verlegenheit, nicht nur eine Zielperson verfolgen zu müssen, sondern auch seine Kleidung. Kleidung wird gerne benutzt, um Diebesgut zu transportieren und zu übergeben. Der Dieb hängt seinen Mantel einfach an einen Garderobenhaken, sein Komplize nimmt den Mantel später und verschwindet mit der Beute. Oder aber das Kleidungsstück selbst ist die Beute und muss später wiedererkannt werden. Oder du observierst eine ZP und willst sie im Gedränge nicht verlieren.
Gründe und Situationen gibt es mehr als genug. Tipps und Tricks zum Glück auch. Egal wie du das Kleidungsstück markierst, achte darauf, dass es dabei nicht beschädigt wird.

TIPPS UND TRICKS BEIM UNAUFFÄLLIGEN MARKIEREN

- Auch hier können dir die Notizaufkleber helfen. Sie lassen sich nämlich ohne großen Druck einer Zielperson auf den Rücken kleben und beschädigen in keiner Weise ihre Kleidung. Nun ist die ZP sehr leicht zu verfolgen.
- Eine andere Möglichkeit, die Kleidung einer ZP unauffällig zu markieren, bietet Schneiderkreide. Du kannst sie dir in der Haushaltswarenabteilung großer Kaufhäuser besorgen. Verwende nur diese spezielle Kreide, die im

Peters Tipp

Kleidung wird leider gerne gestohlen, vor allem an Schulen. Oft geschieht dies nur zum Spaß, und sie hängt später irgendwo in einem anderen Gang an einem Haken oder landet im Fundbüro. Damit du sie im Fall der Fälle sicher identifizieren kannst, braucht deine Jacke unbedingt ein Namensetikett. Am besten wird es an einer Stelle eingenäht, die man nicht gleich findet, zum Beispiel in einem Ärmel. Denn ein leicht sichtbares Namensetikett ist schnell herausgetrennt. Ein verborgenes hingegen kann deine Jacke retten oder sogar einen Dieb entlarven.

Notfall vom Stoff leicht wieder abzuklopfen ist. Bringe die Markierung an einer unauffälligen Stelle an. Du kannst z. B. einen ca. 5 cm langen Strich entlang der Saumnaht eines Mantels machen.

▸ Unauffälliger, aber auch sehr wirkungsvoll ist der Fadentrick. Immer wieder kommt es vor, dass sich an einem Kleidungsstück ein Faden löst. Diese Tatsache machst du dir zunutze. Während du deine Jacke an die Garderobe hängst, steckst du der Jacke der ZP einen Wollfaden so in eine Tasche, dass er sichtbar heraushängt. Sollte sie den Faden bemerken, wird sie ihn für einen ganz normalen Faden halten, der sich irgendwo gelöst hat. Dann hast du zwar Pech gehabt, aber die Zielperson hat keinen Verdacht geschöpft.

▸ Willst du ein Kleidungsstück nur markieren, um später an einem anderen Ort festzustellen, dass es dasselbe ist, genügt ein Knopf, den du ebenfalls in eine Tasche steckst. Viele Mäntel und Jacken haben nämlich in ihren Taschen Ersatzknöpfe. Daher erregen sie auch keine Aufmerksamkeit.

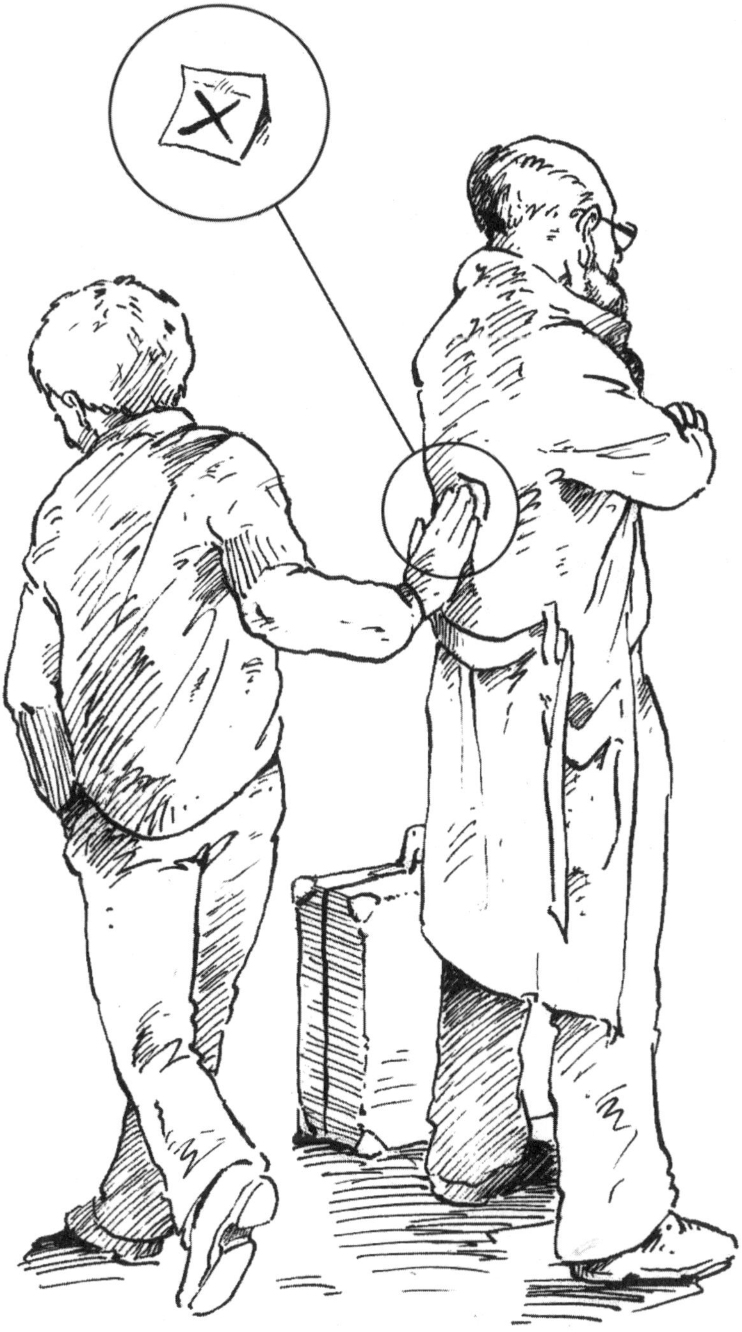

Tote Briefkästen & geheime Verstecke

Der tote Briefkasten ist ein echter Klassiker. Kaum ein echter Agent kann auf ihn verzichten, wenn es darauf ankommt, einem Partner wichtige Informationen auf geheimem Wege zu übermitteln. Tot wird dieser Briefkasten übrigens genannt weil niemand sonst ihn kennt, und er auch nicht von der Post, sondern von einem Partner geleert wird. Nur dieser weiß überhaupt von dem Briefkasten und wann dort eine Nachricht zu erwarten ist. Alles muss genau von euch abgesprochen werden. Und folgen oder gar beobachten darf euch natürlich auch niemand. Es empfiehlt sich daher immer, mehrere tote Briefkästen einzurichten, denn bemerkt man einen Verfolger, kann man ihn abhängen und den nächsten Briefkasten ansteuern.

INBETRIEBNAHME EINES TOTEN BRIEFKASTENS

- Überlege dir genau, welcher Standort für einen toten Briefkasten gut geeignet ist. Wo bist du unbeobachtet? Wie weit musst du laufen, um ihn zu erreichen? Wie weit muss dein Partner laufen? Wie sieht dein Plan aus? Wenn du geeignete Standorte gefunden hast, kommt der nächste Schritt.
- Ein toter Briefkasten muss selbstverständlich unauffällig oder gut getarnt sein. Gut geeignet ist ein echter, nicht mehr gebrauchter Briefkasten, zu dem man natürlich den Schlüssel besitzen muss. Hängt er irgendwo rostig an einem Zaun, kommt niemand darauf, dass er noch in Betrieb ist.
- Weitere Möglichkeiten sind gut erreichbare Nistkästen mit verschlossenem Schlupfloch; eine vergrabene Dose, die von einem Stein vor Regen und Neugierigen geschützt ist; das Rohr, an dem ein Schild befestigt ist; ein Spalt oder eine Fuge zwischen Mauersteinen; ein Blumenkasten, unter den die Nachricht geklemmt wird; ein großes Astloch in einem Baum; ein Bilderrahmen

oder Spiegel, hinter den eine Nachricht geklemmt wird; der Spülkasten einer Toilette.

- Bei der Suche nach einem geeigneten toten Briefkasten sind deiner Fantasie keine Grenzen gesetzt. Nutze sie also und lasse dir etwas Passendes einfallen!

Ebenso wichtig wie tote Briefkästen sind geheime Verstecke, in denen man wirklich wichtige Informationen, Adressen, Telefonnummern, Dokumente oder wertvolle Beweismittel deponieren kann. Hier sind ein paar Tricks, die auch Profis anwenden:

Peters Tipp

Tote Briefkästen, im Agentenjargon TBK genannt, sind für Spione, Geheimagenten und verdeckte Ermittler von großer Bedeutung. Ohne Telefon und Handy lassen sich so geheime Nachrichten übermitteln. Ein TBK muss natürlich von einem Partner oder weiteren Agenten zu ganz bestimmten und vorher abgesprochenen Zeitpunkten geleert werden, sonst würde die Nachricht zu lange im TBK liegen und bedeutungslos werden. Ein richtiger Agent weiß jedoch nicht, wer den TBK leert. Dieser zweite Agent kennt wiederum den ersten nicht. Und auch er bringt die Nachricht zu einem weiteren TBK, der von einem dritten Agenten geleert wird. Wird ein Agent verhaftet, lässt sich später nicht zurückverfolgen, wer die Nachricht ursprünglich verfasst hat.

WIRKLICH GEHEIME VERSTECKE

- Klebe den Zettel mit den geheimen Informationen von unten an den Boden einer Schublade.
- Klebe eine leere Streichholzschachtel an eine unzugängliche und nur dir bekannte Stelle (unter einen Schrank, unter eine Fensterbank usw.), und zwar so, dass sie sicher vor Staubsaugern, Besen und Blicken ist. Benutze die Streichholzschachtel als Schublade für wichtige Adressen und Telefonnummern.
- Leere eine Tube Zahnpasta vollständig, schneide die Falz an ihrem Ende ab und spüle sie gründlich aus. Nachdem sie getrocknet ist, stecke einen wichtigen Zettel hinein und verschließe sie durch vorsichtiges Aufrollen des Endes. Nun sieht sie so aus wie eine gewöhnliche, angebrochene Tube.
- Ein Klassiker, aber immer noch top: Schneide in die Seiten eines alten, nicht mehr benutzten Buches ein Loch, so dass der Gegenstand, den du verstecken möchtest, gut hineinpasst. Dann stelle es zwischen deine anderen Bücher ins Regal.

Tarnen und Verkleiden

Dass sich ein Detektiv hier und da tarnen und verkleiden muss, um einen Fall zu lösen, braucht eigentlich gar nicht besonders betont werden. Justus musste sich einmal, in unserem Fall „Der magische Brunnen", sogar als Mädchen verkleiden! Doch wie löst man solch eine Tarn-Aktion am besten und was muss man dabei besonders beachten? Doch bevor es losgeht, solltest du dir genau überlegen, ob und wann du überhaupt eine Verkleidung brauchst. Wenn du dich für eine Verkleidung entschieden hast, ist der nächste Schritt die Wahl des geeigneten Kostüms und des passenden Auftretens. Die wichtigste Grundregel dabei lautet: so unauffällig und wirkungsvoll wie möglich. Der verkleidete Detektiv, der übersehen wird und an den man sich später kaum noch erinnern kann, erweist sich als echter Profi. Er weiß, dass nicht der Detektiv die Verkleidung vorgibt, sondern die Situation. So ist ein Clownskostüm in den meisten Situationen viel zu auffällig, obwohl man darin kaum mehr zu erkennen ist. Doch auf einem Straßenfest, einem Stadtfest, einem Jahrmarkt, einer Zirkusveranstaltung, einer Faschingsparty und ähnlichen Situationen ist es genau das richtige Kostüm. Bei einer Sportveranstaltung sind Baseballkappe, T-Shirt (mit Vereinslogo), Jogginghose und Sportschuhe genau richtig. Sein Gesicht kann man hinter einer Sonnenbrille und einem Vereinsschal leicht verbergen.

TIPPS ZUM VERKLEIDEN

- Das Verkleiden sollte schnell zu bewerkstelligen und einfach sein. Aufwändige

Verkleidungen kosten viel Zeit und sollten nur eingesetzt werden, wenn sich der Aufwand auch wirklich lohnt.

- Oft reichen ein paar Utensilien aus, die du griffbereit haben solltest, wie zum Beispiel verschiedene Mützen, Schals und Sonnenbrillen. Hilfreich sind auch echte Brillen, sofern deren Gläser dein Sehvermögen nicht behindern. Zur Faschingszeit gibt es in vielen Geschäften übrigens falsche Brillen zu kaufen, die wie echte aussehen.
- Vermeide dick aufgetragende Schminke, Perücken und andere Tarnmethoden, die zu auffällig sind und leicht erkannt werden können. Wähle stattdessen einfache, aber wirkungsvolle Methoden, wie das Schminken der Augenbrauen, das Gelen der Haare, das Tragen eines Pferdeschwanzes (wenn du lange Haare hast).
- Je nach Situation können auch Kopfverbände, Pflaster oder sogar eine Augenklappe sinnvoll sein. Eine leichte Kopfverletzung oder eine Bindehautentzündung kann schließlich jeder einmal haben.
- Nicht nur dein Kostüm ist entscheidend, sondern auch dein Auftreten. Denke dich in eine Figur hinein, die du ja in gewisser Weise spielst. Werde zum Clown, indem du dich bewegst und sprichst wie einer. Stopfe deinen Pullover mit einem Kissen aus und bewege dich wie ein dicklicher Junge. Leihe dir eine Gehhilfe und gehe so, als hättest du dich am Fuß verletzt. Ziehe Sportklamotten an und winke mit einem Fähnchen, als wärst du ein großer Sportfan. Besorge dir vom Flohmarkt einen alten, leeren Geigenkasten, kleide dich schick und bewege dich wie ein braver Schüler, der zum Musikunterricht oder einem Schülerkonzert geht. Es gibt unzählige Möglichkeiten und Rollen, die du ohne großen Aufwand nutzen und spielen kannst. Und wie immer ist vor allem deine Fantasie gefragt.

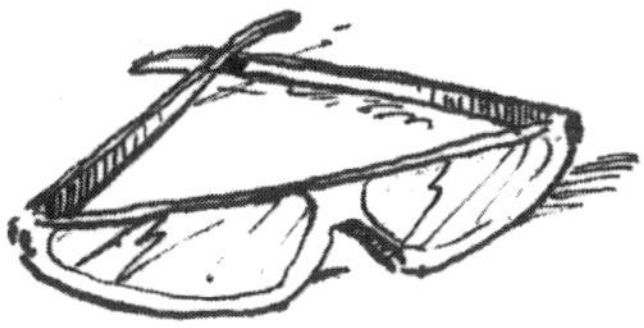

Peters Tipp

Wenn du einen Partner hast, bietet sich folgender Trick an: Tausche mit ihm deine Klamotten, oder tauscht zumindest eure Jacken und Mützen. So könnt ihr schnell und einfach die Menschen täuschen und verwirren. Denn ihr wisst ja, wie Menschen so denken. In der grünen Jacke ist immer der eine drin, in der roten der andere. Im Vorbeigehen oder am Fenster merkt keiner so leicht, dass ihr ganz andere seid. Richtig und schnell eingesetzt, kann dieser einfache Trick sehr erfolgreich sein.

Die beste Personen-beschreibung

Das Verkleiden ist eine Sache, das Beobachten und Beschreiben von Menschen und ihrer Kleidung eine andere. Doch auch diese für einen Detektiv unverzichtbare Fähigkeit kann man trainieren, und zwar alleine, mit einem Partner oder mehreren Mitgliedern eines Detektiv-Clubs. Jeder, der mitmachen will, nimmt sich einen Block und einen Stift, und das Training kann beginnen. Du postierst dich in der Nähe einer Bushaltestelle, eines Kaufhauses, einer Schule, einer Tankstelle oder eines anderen öffentlichen Gebäudes. Sobald eine bestimmte Person den Bus, die U-Bahn oder das Gebäude verlässt, erstellt du eine Personenbeschreibung, ohne der Person zu folgen.

Peters Tipp

Zu einer Personenbeschreibung gehört natürlich unbedingt die Angabe der Körpergröße. Die ist aber, wenn man keine Vergleichsmöglichkeit hat, nicht ganz leicht zu schätzen. Aus diesem Grund schaffen sich Profis die passenden Vergleichsmöglichkeiten einfach selbst. Sie messen zum Beispiel aus, in welcher Höhe sich der untere und obere Rand eines Fahrplanschildes befinden, an dem die Fahrgäste an einer Bushaltestelle warten. Oder sie messen die Höhe einer Tür, eines Zaunes, eines Straßenschildes, eines Plakates, einer Mauer. Läuft dann eine Person daran vorbei, ist ihre Körpergröße leicht richtig zu schätzen.

DIESE PERSON KÖNNTE SEIN

- die zehnte Person, die aus der Tür kommt
- der erste Jugendliche mit Baseballmütze
- die erste Frau mit Kind
- die fünfte Person mit Einkaufstasche
- der siebente Mann

Sollte das eine Weile dauern, ändere nicht einfach die Vorgabe. Nutze die Gelegenheit, um deine Geduld gleich mit zu trainieren, denn Warten gehört bekanntlich zum Detektivalltag. Sobald jedoch die Person erscheint, die die Vorgabe erfüllt, beobachtest du sie genau.

Versuche, dir so viele Details wie möglich zu merken. Ist die Person außer Sichtweite, erstellt du auf deinem

Block eine möglichst exakte Personenbeschreibung. An folgende Punkte solltest du dich erinnern können:

Checkliste

- **Geschlecht**
- **ungefähres Alter**
- **ungefähre Körpergröße**
- **Figur (schlank, sportlich, korpulent, dick)**
- **Haarfarbe und -länge**
- **vielleicht, mit etwas Glück, die Augenfarbe**
- **Art der Kopfbedeckung**
- **Kleidung**
- **Schuhe**
- **Taschen, Tüten, Gepäck**
- **Gangart und -geschwindigkeit**
- **Gangrichtung**
- **sonstige Auffälligkeiten**

Hast du die Personenbeschreibung alleine erstellt, kannst du versuchen, die beschriebene Person einzuholen und deine Notizen zu überprüfen. Seid ihr zu zweit oder zu dritt, könnt ihr eure Beschreibungen Punkt für Punkt vergleichen. Wer hat die meisten Details erkannt? Wenn ihr diese Übung öfter durchführt, was nur zu empfehlen ist, könnt ihr die oben angegebenen Punkte bereits auf dem Block vornotieren. Ihr müsst sie dann nur noch ergänzen: Außerdem könnt ihr die benötigte Zeit vergleichen. Wer hat seine Personenbeschreibung am schnellsten erstellt?

Die beste Tatortbeschreibung

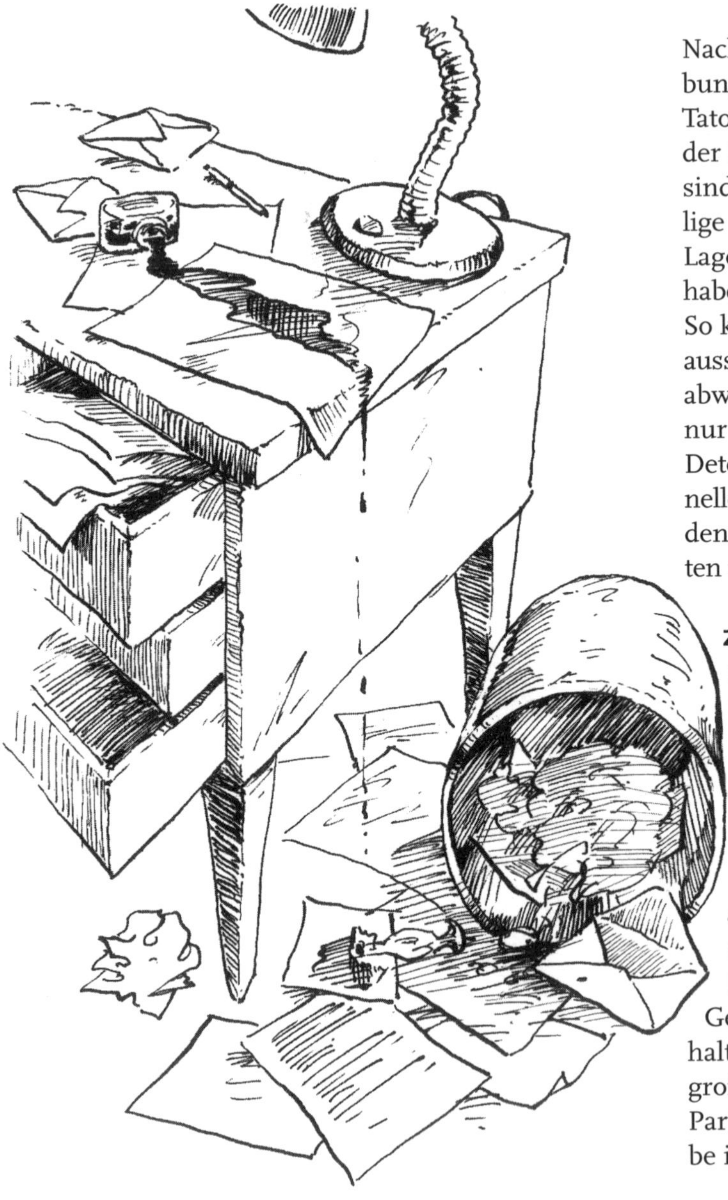

Nach der Personenbeschreibung kommt natürlich die Tatortbeschreibung. Wie bei der Personenbeschreibung sind ganz normale und zufällige Zeugen meist nicht in der Lage, das, was sie gesehen haben, richtig wiederzugeben. So kommt es, dass Zeugenaussagen sehr oft voneinander abweichen und so der Polizei nur wenig weiterhelfen. Detektive sind aber professionelle Beobachter und Zeugen, denn sie haben das Beobachten und Beschreiben trainiert.

ZWEI TRAININGSMETHODEN HABEN SICH BESONDERS BEWÄHRT

▸ Für die erste Trainingsmethode brauchst du einige Partner, die vor der Tür zu deinem Zimmer auf dein Zeichen warten. Suche nun möglichst viele und unterschiedliche Gegenstände aus dem Haushalt und stelle sie auf einen großen Tisch. Bitte deine Partner ins Zimmer und gebe ihnen 30 Sekunden Zeit, sich die Gegenstände und ihre Lage genau zu merken. Dann schickst du sie wieder hinaus. Jetzt veränderst du die Lage einiger Gegenstände und nimmst auch ein oder zwei vom Tisch. Anschließend bittest du deine Partner wieder herein, die nun die Aufgabe haben, alle Veränderungen und fehlenden Gegenstände auf einem Zettel zu notieren. Wer die meisten Veränderungen bemerkt hat, darf die nächste Trainingsrunde gestalten und den Tisch decken.

Peters Tipp

Wie du schon von Justus erfahren hast, verwenden Gedächtniskünstler ganz besondere Mnemotechniken. Auch bei der Tatortbeschreibung kannst du dir diese Techniken zunutze machen. Versuche einmal, dir die verschiedenen Gegenstände oder Personen nicht unabhängig voneinander zu merken, sondern erfinde schnell eine einfache Geschichte. Statt Salzstreuer, Zuckerdose, Locher, Brief erinnerst du: „Salzstreuer und Zuckerdose fielen so heftig auf den Locher, dass er den Brief gelocht hat.“ Eingebunden in so eine kleine Geschichte, kann man sich an die Gegenstände auch noch nach Wochen erinnern.

- Für die zweite Trainingsmethode schneide aus Zeitungen und Illustrierten Fotos aus, auf denen Straßenszenen oder Räume und Landschaften mit Personen zu sehen sind. Alle Details sollten gut erkennbar sein. Wähle eines der Bilder aus und zeige es deinen Partnern 30 Sekunden lang. Diesmal müssen sie das Gesehene nicht notieren, sondern du stellst gezielte Fragen, zum Beispiel:
- Wie viele Personen sind auf dem Bild zu sehen?
- Wie viele Autos warten vor der roten Ampel?
- Welches der drei Gebäude ist eine Bank?
- Welche der Personen telefoniert mit einem Handy?
- Wie viele Bäume stehen vor dem Bauernhaus?
- Wo steht die Scheune?

Die Antworten auf diese Fragen müssen natürlich notiert werden, damit ihr sie später auf ihre Richtigkeit überprüfen könnt. Auch ist es dir oder einem anderen Detektiv-Trainer erlaubt, Fangfragen zu stellen. Du kannst zum Beispiel nach einer Bushaltestelle fragen, obwohl gar keine auf dem Bild zu sehen ist. Am Ende der Zeugenbefragung werden die Antworten verglichen. Wer die meisten Fragen richtig beantwortet hat, darf als neuer Detektiv-Trainer zu einem anderen Foto die Fragen stellen.

Die beste Tathergangsbeschreibung

Was nun noch fehlt, ist eine genaue Tathergangsbeschreibung, neben der Personen- und Tatortbeschreibung der wichtigste Baustein einer Zeugenvernehmung. Also nach dem **WER?** und dem **WO?** kommt jetzt das **WAS?**. Als professioneller Detektiv muss man natürlich auch Vorgänge besser beobachten und beschreiben können als ein x-beliebiger Zeuge. Dabei sind gerade die Einzelheiten und Feinheiten, die leicht übersehen werden, oft von entscheidender Bedeutung. Wer hat wann welches Glas genommen und wem gereicht? Wer hatte die Möglichkeit, den Raum unbemerkt zu verlassen? Was ist passiert, nachdem der Diebstahl des Bildes bemerkt wurde? Diese und ähnliche typische Fragen kann natürlich nur beantworten, wer den Hergang aufmerksam beobachtet hat.

Peters Tipp

Wenn du oder deine Eltern eine Videokamera besitzen, kannst du beide Trainingsmethoden miteinander verbinden. Schreibe und inszeniere einfach mehrere Handlungsabläufe und filme sie mit der Kamera. Später kannst du sie für das Beobachtungstraining vorführen. Mit anderen Worten, du kannst deine eigenen Kriminalfilme drehen, um die Beobachtungsgabe deiner Mitdetektiven zu schulen.

ZWEI MÖGLICHKEITEN, DIESE DETEKTIVISCHE BEOBACHTUNGSGABE ZU TRAINIEREN:

- Sicher hast du einen Videorekorder zu Hause. Nimm damit einige Krimis auf, keine Action-Krimis, sondern Filme mit anspruchsvollen Handlungen, zum Beispiel mit Hercule Poirot, Miss Marple oder Inspektor Columbo. Wähle aus diesen Filmen die Szenen aus, die den Tathergang zeigen. Es sind die Szenen, die der Detektiv am Ende des Films in Erinnerung ruft, um den Fall zu lösen. Diese Szenen führst du deinen Partnern vor und befragst sie anschließend. Dabei soll keineswegs der Täter ermittelt werden, sondern lediglich genau beschrieben werden, was passiert ist. Achte darauf, dass diese Filmausschnitte möglichst kurz sind, zwei bis drei Minuten reichen vollkommen. Lass deine Partner notieren, was sie gesehen haben. Wer die meisten Details beobachtet hat, darf beim nächsten Treffen seine ausgewählten Szenen vorführen.

▸ Selbstverständlich kann man diese Art der Zeugenbefragung auch ohne Video durchführen. In diesem Fall musst du dir eine Handlung überlegen, die sich aus vielen kleinen Einzelhandlungen zusammensetzt. Zum Beispiel: Du kommst zur Tür herein, gehst zum Schreibtisch, öffnest eine Schublade, nimmst ein Blatt heraus, schreibst etwas auf, faltest das Papier, steckst es in ein Kuvert, greifst zum Telefonhörer usw. Diese Einzelhandlungen, eigentlich eine kleine Spielszene, schreibst du dir vorher auf und gibst sie dann vor deinen Partnern zum Besten. Ihre Aufgabe ist es, nach deinem Auftritt eine schriftliche Zeugenaussage zum Handlungsablauf anzufertigen. Wer die meisten Übereinstimmungen mit deinen Aufzeichnungen hat, darf nun seinerseits einen Handlungsablauf erfinden. Wenn ihr gut seid, könnt ihr natürlich die Anzahl der Handlungselemente steigern. Statt mit zehn Elementen aus denen sich das Geschehen zusammensetzt, könnt ihr auch mit fünfzehn oder zwanzig arbeiten.

Die geheime Durchsuchung

Genaues Beobachten spielt auch bei der nächsten Übung eine zentrale Rolle. Immer wieder kommt es vor, dass ein Täter seine Beute oder ein Tatwerkzeug schnell verstecken muss. Auch kann es sein, dass ein Täter die Spuren seiner Tat schnell verschwinden lassen muss, um nicht in flagranti ertappt zu werden. In all diesen Fällen braucht ein Detektiv ein gutes und geschultes Auge, um mögliche Verstecke zu erkennen und die gesuchten Gegenstände schnell zu finden. Mit einer einfachen, aber keineswegs leichten Übung kannst du deinen Spürsinn trainieren:

in flagranti heißt so viel wie „auf frischer Tat ertappen"

SPÜRSINN-TRAINING

▸ Betritt zusammen mit einem Partner ein geeignetes Zimmer. Es soll euch beiden möglichst unbekannt sein (fragt ein paar Freunde). Sieh dich mit ihm in diesem Raum etwa fünf Minuten lang um, dann verlasse ihn und warte draußen. Dein Partner hat jetzt genau eine Minute Zeit, fünf vorher vereinbarte Gegenstände (zum Beispiel einen Brief, eine Armbanduhr, ein Buch, ein Taschenmesser, ein leeres Medikamentenfläschchen) im Zimmer zu verstecken. Anschließend ist es deine Aufgabe, diese fünf vermissten Gegenstände so schnell wie möglich zu finden. Erschwerend kommt hinzu, dass du natürlich in geheimer Mission unterwegs bist. Du darfst also nicht gleich jede Schublade herausreißen und den Inhalt auf dem Boden verstreuen, sondern musst gezielt und vorsichtig suchen, ohne etwas in dem Raum zu verändern. Deine Suche darf nicht bemerkt werden, achte darauf, möglichst keine Fingerabdrücke zu hinterlassen. Überprüft wird deine Detektivarbeit dabei von deinem Partner, der während deiner Suche außerhalb des Zimmers auf dich wartet und deine Zeit stoppt. Nach spätestens zehn Minuten musst du deine Suche abbrechen und deine Fundstücke vorzeigen. Hast du allerdings weniger als zehn Minuten benötigt, um die Gegenstände zu finden, bis du ein Meisterdetektiv. Außerdem inspiziert dein Partner anschließend den Raum, um nach den Spuren deiner Suche zu fahnden. Je weniger Veränderungen er erkennen kann, umso besser warst du. Und dann wird sein Können auf die gleiche Probe gestellt.

Peters Tipp

Eine der ersten Kriminalerzählungen, die von einer Suche nach einem vermissten Gegenstand handelt, stammt von dem amerikanischen Schriftsteller Edgar Allan Poe (1809–1849). Sie heißt „Der stibitzte Brief“ und ist 1844 von ihm geschrieben worden. Poe hat sie übrigens für seine beste Kriminalgeschichte gehalten. Seine bekannteste ist sie auf jeden Fall. Jeder gute Detektiv sollte sie kennen, denn es geht um die Frage, wie man am besten etwas versteckt und wie man es trotzdem findet. Der gesuchte Gegenstand in der Erzählung ist ein wichtiger Brief. Die Polizei weiß auch genau, wer den Brief gestohlen hat und in welchem Zimmer er sich befinden muss. Doch bleibt die Suche nach ihm erfolglos, obwohl man selbst die Tischbeine aufbohrt, um nach Hohlräumen zu suchen. Es bleibt der Polizei nichts anderes übrig, als den berühmten Pariser Detektiv C. Auguste Dupin um Hilfe zu bitten. Dupin findet den Brief ohne Mühe, denn der Dieb hatte ihn gar nicht versteckt, sondern mitten in seinem Zimmer gut sichtbar neben anderen Papieren aufbewahrt. Und genau aus diesem Grund hatte ihn die Polizei übersehen, denn sie war davon ausgegangen, dass der Dieb ihn mit großem Aufwand verborgen hatte. Doch der Dieb hatte ihn versteckt, indem er ihn nicht versteckt hatte. Nur Dupin, ein echter Detektiv, hat an diese Möglichkeit gedacht. Erinnere dich an diese Geschichte, wenn du etwas versteckst oder suchst!

Schnüffeltraining für Detektive

Immer wieder spielen Gerüche in Kriminalfällen eine Rolle. Ein Parfüm, ein Küchenduft oder auch Stallgeruch können wichtige Indizien sein. Entführungsopfern werden fast immer die Augen verbunden. Später können sie sich daher vor allem an bestimmte Gerüche und Geräusche erinnern. Doch ist es nicht leicht, einen bestimmten Geruch wiederzuerkennen, noch schwieriger, ihn anderen zu beschreiben. Dieses jedoch kann man mit einer Detektiv-Duftorgel trainieren!

BAUANLEITUNG FÜR DEINE EIGENE DUFTORGEL

- Besorge dir mindestens fünf leere Filmdosen (in denen sich Kleinbildfilme zum Fotografieren befunden haben) oder Kunststoffdosen aus Überraschungseiern. Diese Dosen müssen alle identisch sein, also gleich aussehen.
- Reinige die Dosen gut, damit sie geruchsneutral sind.
- Schreibe Zahlen von 1 bis 5 (je nachdem, wie viele Dosen du hast) auf kleine Zettel oder Aufkleber und klebe sie auf die Böden der Dosen.

Peters Tipp

Wenn du einen guten Riecher hast, kannst du mit einem Partner folgende Übung durchführen: In einer Wohnung lässt dein Partner in fünf Räumen fünf verschiedene Gerüche frei, in einem Raum zum Beispiel ein paar Tropfen Essig, in einem anderen etwas Klebstoff, im dritten ein wenig Parfüm, im vierten Kaffee und im fünften vielleicht ein Räucherstäbchen. Dir werden nun die Augen verbunden und dein Partner führt dich durch die Wohnung und betritt mit dir ein Zimmer auch zweimal. Deine Aufgabe ist es, dir die Reihenfolge der Gerüche zu merken. Anschließend sollst du ihm berichten, welche Gerüche du erkannt hast und in welcher Reihenfolge ihr in welchen Zimmern mit welchem Geruch wart. Die leicht flüchtigen Gerüche nennt man im Fachjargon übrigens „olfaktorische Spuren".

- Fülle nun verschiedene Stoffe in die Dosen, zum Beispiel Essig, Gras, Kompost, Sägemehl, Gewürze, und verschließe sie wieder. Nun werden die Nummern den Stoffen zugeordnet und auf einer Liste notiert (1 = Gras, 2 = Kompost usw.).
- Nach dem Mischen der Dosen werden sie mit geschlossenen Augen geöffnet. Die Stoffe sollen nur mit Hilfe des Geruchssinns erkannt werden. Was kannst du erkennen? Kannst du diesen Duft auch beschreiben, ohne ihn beim Namen zu nennen? Welche Stoffe kannst du erkennen, welche nicht? Anhand deiner Liste und der Nummern kannst du überprüfen, ob du richtig liegst.
- Wiederhole den Versuch mit anderen Stoffen und teste auch den Geruchssinn deines Partners oder deiner Partner. Wer ist besser? Wer kann die meisten Stoffe am Geruch erkennen? Wenn ihr richtig gut seid, wiederholt den Versuch mit zehn Dosen und zehn verschiedenen Stoffen.

Spitzohren gegen Langfinger

Auch Geräusche spielen immer wieder eine große Rolle in Kriminalfällen. Eine bestimmte Gangart. Ein besonderes Klappern. Eine quietschende Tür. Das Klicken eines Schalters. Das Surren eines Ventilators. Auch wenn man jemanden observiert, will man wissen, was er hinter einer Tür tut. Man muss also Geräusche erkennen und wiedererkennen können. Mit einer besonderen Geräusch-Orgel kann man diese Fähigkeit trainieren.

DER BAU EINER GERÄUSCH-ORGEL FUNKTIONIERT SO

- Reinige die Kunststoffdosen, die du für die Duftorgel verwendet hast. Dabei müssen die Nummern auf den Böden unbedingt fest kleben bleiben.
- Nun füllst du verschiedene Dinge in die Dosen, zum Beispiel Reis, Sand, Sägemehl, Bohnen, Salz, Mün-zen. Wie bei der Duftorgel werden Nummern und Stoffe auf einem Zettel notiert.
- Nach dem Mischen der Dosen werden sie nacheinander geschüttelt. Der Inhalt soll nur mit Hilfe des Klangs erkannt werden. Kannst du die Inhalte der Dosen am Geräusch erkennen und unterscheiden?
- Da bei dieser Übung das Gewicht der Dosen eine Rolle spielt, ist es natürlich besser, du lässt die Dosen von einem Partner schütteln, damit du wirklich nur das Geräusch beurteilen kannst. Anhand deiner Liste und der Nummern kannst du überprüfen, ob du richtig liegst.
- Wiederhole die Übung mit anderen Stoffen und teste auch den Hörsinn deines Partners oder deiner Partner. Wer ist besser? Wer kann die meisten Dinge am Geräusch erkennen? Wenn ihr richtig gut seid, wiederholt die Übung mit zehn Dosen und zehn verschiedenen Inhalten.
- In einem zweiten Experiment fülle in jede Dose eine andere Anzahl von Erbsen, zum Beispiel eine, drei, fünf, sieben, neun. Verschließe sie und versuche, die Anzahl der Erbsen am Klang zu erkennen. Wiederhole das Experiment mit anderen Dingen. Wie gut sind deine Ohren?

Peters Tipp

Sehr sinnvoll ist auch ein realistisches Hörtraining. Hierzu brauchst du einen, besser zwei Partner. Du wartest vor der geöffneten Tür eines Zimmers, ohne hineinschauen zu können. Dein Partner geht nun in dieses Zimmer und wird dort aktiv. Er hebt zum Beispiel den Telefonhörer ab, wählt, legt wieder auf, geht zum Regal, nimmt ein Buch heraus, schlägt es wieder zu, tritt gegen den Papierkorb, öffnet das Fenster, setzt sich an einen Tisch, schreibt einen Brief. Deine Aufgabe ist es, seine Handlungen anhand der entstehenden Geräusche zu erkennen und sie auf einem Zettel zu notieren. Nach einer Weile, drei Minuten reichen für eine Trainingseinheit aus, könnt ihr vergleichen. Dieser Vergleich ist natürlich viel leichter anzustellen, wenn ein zweiter Partner mit im Zimmer war und dort alle Aktivitäten notiert hat. Wenn ihr schon Profis seid, könnt ihr das Hörtraining auch bei geschlossener Tür mit dem Stethoskop (Seite 20–21) wiederholen.

Fingerübungen für Detektive

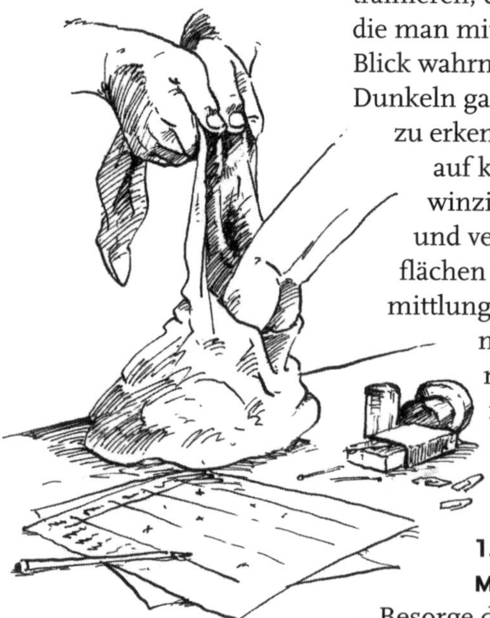

Ebenso wichtig wie das Riechen und das Hören ist das Fühlen. Oft genug muss sich ein Detektiv im Dunkeln auf seinen Tastsinn verlassen, Gegenstände identifizieren und Spuren sichern. Und auch den Tastsinn kann er trainieren, denn viele Dinge, die man mit einem kurzen Blick wahrnimmt, sind im Dunkeln gar nicht so leicht zu erkennen. Doch gerade auf kleine Details, auf winzige Unterschiede und verschiedene Oberflächen kommt es bei Ermittlungen an. Zwei Trainingsmethoden machen dich fit für einen Einsatz bei völliger Dunkelheit.

1. TRAININGS-METHODE

- Besorge dir einen großen Beutel aus blickdichtem Stoff, zum Beispiel einen Sportbeutel, einen Kopfkissenbezug oder einen Rucksack. In diesen Beutel gibt ein Partner einige Gegenstände, etwa einen Flaschenkorken, ein Stück Schnur, eine Büroklammer, ein Streichholz, eine Batterie, eine Münze.
- Nun greifst du, ohne den geringsten Blick auf die Gegenstände werfen zu können, mit der rechten Hand in den Beutel und versuchst, so schnell wie möglich alle darin enthaltenen Dinge zu ertasten. Dein Partner stoppt dabei die Zeit.
- Hast du alle Gegenstände erkannt, kommt der zweite Teil, in dem sich zeigt, wer echtes Fingerspitzengefühl hat. Nun betaste die Objekte genau und teile deinem Partner so viel wie möglich darüber mit. Ist die Büroklammer aus Plastik oder Metall? Um welche Münze und welchen Batterietyp handelt es sich? Hat der Korken zu einer Wein- oder zu einer Sektflasche gehört? Ist das Streichholz noch intakt oder bereits entzündet worden? Die Details, die du herausbekommst, zeichnen den Meisterdetektiv aus!
- Wiederhole die Übung mit der linken Hand und anderen

Peters Tipp

Bei völliger Dunkelheit oder mit verbundenen Augen ist es sehr schwer, einen Weg zu finden. Noch schwerer ist es, diesen Weg später wiederzufinden. Auch hier hilft nur ein gutes Training, damit eine dunkle Wohnung für dich nicht zum Labyrinth wird. Lass dir also von einem Partner die Augen verbinden und dich durch eine Wohnung führen. Diese Wohnung darf natürlich nicht deine sein, denn die kennst du. Taste dich an den Wänden entlang und merke dir jede Einzelheit, jede Oberflächenstruktur, jede Leiste, jedes Bild. Nutze dabei die Mnemothenik der Gedächtniskünstler (Seite 41). Hat dein Partner mit dir eine Tour durch die Wohnung gemacht, nimm die Augenbinde ab und beschreibe ihm den Weg so genau wie möglich. Dann versuche, diesen Weg wiederzufinden. Wie seid ihr gegangen? In welchem Zimmer wart ihr zweimal? Seid ihr auf der rechten oder der linken Seite durch den Flur gegangen?

Objekten. Bist du mit ihr genauso gut? Außerdem kannst du den Schwierigkeitsgrad ohne weiteres steigern. Dein Partner braucht nur verschiedene Batterietypen, Stifte, unterschiedliche Tuben oder Korken in den Beutel zu tun. Stelle jetzt die Unterschiede genau fest. Oder versuche, eine Hand voll Streichhölzer so schnell wie möglich zu zählen, die sich in dem Beutel befindet. Wie viele Sekunden benötigst du? Wie viele Sekunden benötigt dein Partner?

2. TRAININGSMETHODE

▸ Dein Partner baut auf einem Tisch verschiedene Gegenstände auf, zum Beispiel einen Toaster, einen Locher, ein Buch, eine Schere, eine Videokassette, einen Bilderrahmen. Dann wird das Zimmer in völlige Dunkelheit versetzt und du musst tastend alle Objekte so schnell wie möglich erkennen.

▸ Auch dieses Training lässt sich steigern. Statt verschiedener Dinge liegen ähnliche auf dem Tisch, etwa fünf Scheren, acht CD-Hüllen oder zehn Bücher. Kannst du die Unterschiede ertasten? Wurde jedes Buch bereits gelesen? Welches wurde sehr oft gelesen? Welches wurde gut, welches schlecht behandelt? Fehlt irgendwo eine Seite? Ist ein Lesezeichen vorhanden? Fragen also, die in einem echten Kriminalfall von entscheidender Bedeutung sein können.

Und noch ein Tipp: Solltest du dich einmal wirklich in einem Labyrinth oder einer Wohnung, die einem Labyrinth gleicht, verirren, halte dich immer rechts, laufe immer an der Wand entlang, biege immer nur rechts ab, wenn eine Abzweigung möglich ist. Merke dir aber die Abbiegungen, denn biegst du viermal nacheinander im rechten Winkel rechts ab, bist du einmal um einen Block gelaufen. Dann suche einen anderen Weg und halte dich dort erneut auf der rechten Seite. Du wirst den Ausgang garantiert finden.

Fingerabdrücke sichern

Die Methode des Fingerabdrucksicherns wurde von zwei Engländern, nämlich von Sir Edward Henry (1850–1931) und Sir Francis Galton (1822–1911) entwickelt. Sie stellten fest, dass die Fingerabdrücke eines Menschen einmalig sind. Hinterlässt ein Verdächtiger also an einem Tatort seine Fingerabdrücke, so war er zweifelsfrei dort.

Zum Sichern von Fingerabdrücken benötigst du:

- eine Lupe
- Fingerabdruckpulver
- einen sehr weichen Pinsel
- etwa 2 cm breiten, durchsichtigen Klebefilm (Tesafilm®)
- weißes Papier
- dunkles Papier

Auf jedem Gegenstand, den du berührst, bleiben deine Fingerabdrücke zurück. Wie ein Stempel hinterlässt jeder Finger sein einmaliges Muster, wobei eine Mischung aus Schweiß, Fett, Salzen, Eiweißen und Säuren, die die Haut absondert, als ‚Stempelfarbe' dient. Am schönsten werden diese Abdrücke natürlich auf glatten Flächen wie Glas, Fliesen, Bucheinbänden oder lackierten Möbeln. Mit einfachen Mitteln kannst du einen Fingerabdruck sichtbar machen und sichern.

Die Methode des Fingerabdrucksicherns ist aus der modernen Ermittlungsarbeit von Detektiven nicht wegzudenken. Im Polizeijargon wird das Fingerabdruck-Verfahren übrigens Daktyloskopie genannt. Dieses griechische Wort bedeutet „Fingerschau".

Im Folgenden erfährst du, wie man Fingerabdrücke konserviert und wie du diese wichtigen Beweismittel bei deinen Ermittlungsarbeiten einsetzen kannst.

DAS SICHERN VON FINGERABDRÜCKEN

- Zunächst musst du einen geeigneten Fingerabdruck auf einem Glas hinterlassen oder einen fremden Fingerabdruck mit der Lupe suchen. Dabei musst du darauf achten, ihn nicht zu verwischen.
- Tauche deinen Pinsel in das Abdruckpulver und klopfe den Pinsel über dem Abdruck aus oder betupfe ihn leicht mit dem Pinsel. Abdruckpulver kann man in Fachgeschäften kaufen oder einfach selber machen. Dunkles Pulver erhältst du, wenn du Zeichenkohle (aus einem Malerei- oder Hobbyladen) oder eine Bleistiftmine mit feinem Sandpapier abreibst. Auch Kakaopulver oder fein gemahlener Kaffee ist gut geeignet. Allerdings nur für Fingerabdrücke auf hellen Oberflächen. Auf dunklen Schichten eignet sich Talkumpuder (Sportfachgeschäft) oder weiße Tafelkreide (mit Sandpapier abreiben) gut.
- Streiche nun mit dem Pinsel das überflüssige Pulver

weg. Du kannst es auch vorsichtig wegpusten (aber nicht dabei spucken) oder mit einem Stück Karton wegwedeln. So wird der Abdruck nicht beschädigt.

- Schneide ein etwa 6 cm langes Stück von dem Klebeband ab und klebe es vorsichtig auf den Abdruck. Ziehe nun das Klebeband ebenso vorsichtig wieder ab.
- Klebe einen Abdruck mit dunklem Pulver auf ein weißes, einen Abdruck mit weißem Pulver auf ein dunkles Stück Papier.
- Wenn du tatsächlich in einem Fall ermittelst, darfst du nicht vergessen, dir genau zu notieren, wann (Datum, Uhrzeit) und wo (Ort, Gegenstand) du den Abdruck gefunden hast.
- Ein Abdruck nützt dir nichts ohne einen Vergleich. Hast du also einen Verdacht, musst du dir von dem Verdächtigen einen Abdruck beschaffen, der mit Sicherheit von ihm stammt. Achte also darauf, was er anfasst, oder biete ihm ein sauberes Glas an, von dem du später die Abdrücke nehmen kannst. Dann vergleiche sie mit denen, die du zuvor gefunden hast. Stimmen sie überein, was sich am besten mit einer Lupe feststellen lässt, hast du ihn überführt.
- Bewahre die gesammelten Fingerabdrücke sorgfältig im Archiv auf (Seite 107).
- Profis können die Abdrücke der einzelnen Finger unterscheiden. Trainiere also und versuche, ebenfalls ein Profi zu werden. Profis unterscheiden auch fünf Grundmuster, nämlich das Bogenmuster, Schleife von rechts, Schleife von links, das Tannenmuster und den Wirbel. Die Zeichnung zeigt dir diese Grundmuster. Kannst du sie unterscheiden, kannst du Fingerabdrücke viel schneller vergleichen.

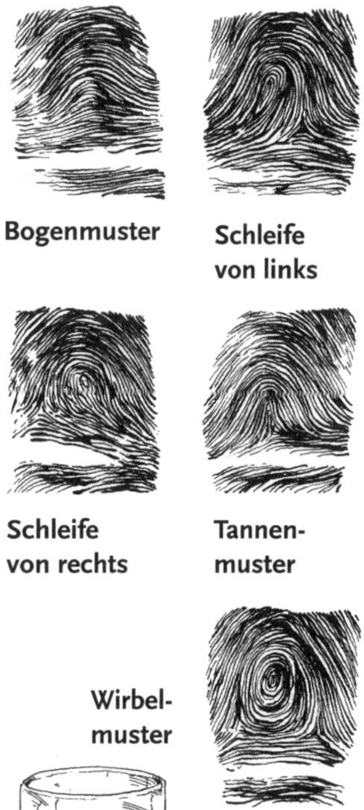

Peters Tipp

Nicht nur von Fingern, sondern auch von Füßen und Ohren lassen sich auf die gleiche Weise Abdrücke sichern. Diese Abdrücke haben fast die gleiche Beweiskraft wie Fingerabdrücke. Achte also darauf, ob jemand irgendwo barfuß gelaufen ist. Ohrabdrücke findet man vor allem an Türen, an denen Diebe oder Neugierige gelauscht haben. Bei Ohren ist es natürlich schwer, einen Vergleichsabdruck von einem Verdächtigen zu bekommen. Er wird mit einer kleinen Glasplatte (12 cm x 12 cm groß, eingefasst in festes Klebeband) vorsichtig vom Ohr abgenommen. Besorge dir eine passende Glasplatte vom Glaser und vervollständige damit deine Ausrüstung.

Schuh- und Reifen-abdrücke sichern

Nun kommt noch das Sichern von Schuh- und Reifenabdrücken, die ebenfalls in der Kriminalistik eine große Bedeutung haben. Viele Verbrecher konnten schon anhand solcher Abdrücke, die sie am Tatort hinterlassen haben, überführt werden. Findet man einen Schuhabdruck, kann man leicht die Schuhgröße feststellen und die Körpergröße des Täters schätzen. Hat man den Abdruck gesichert, kann man die Schuhe, die ihn hinterlassen haben, ausfindig machen, denn jede Sohle hat ihre unverwechselbaren Merkmale, hat Risse und abgelaufene Stellen, die kein anderer Schuh der gleichen Marke hat.

Vergleichbares gilt für die Abdrücke von Fahrrad-, Motorrad- und Autoreifen. Hat man verdächtige Abdrücke gesichert, kann man später die dazugehörigen Reifen feststellen. Denn auch Reifen haben sehr unterschiedliche Größen, Profile und besondere Kennzeichen.

Zwar kann man Schuh- und Reifenspuren auf verschiedenen Untergründen nehmen, doch wir konzentrieren uns auf Abdrücke in weichem Boden.

Peters Tipp

Wenn du einen verdächtigen Abdruck findest, sei nicht zu voreilig. Bevor du einen Gipsabdruck nimmst, sieh dir den Fundort und seine Umgebung genau an. Denn oft gibt es neben der Hauptspur auch Nebenspuren oder andere Indizien. Zwei parallel verlaufende, schmale Reifenspuren können auch von einem Rollstuhl stammen. Kleine, runde und tiefe Eindrücke neben einer Schuhspur können von einem Gehstock, einer Gehhilfe oder einem Skistock stammen. Außerdem musst du überprüfen, ob Schleifspuren vorhanden sind oder der Verursacher der Spur irgendetwas verloren oder weggeworfen hat. Fertige am besten eine genaue Skizze an, bevor du einen Gipsabdruck nimmst. Sonst vernichtest du mehr Spuren, als du am Ende sicherst.

UND SO FUNKTIONIERT DAS SICHERN VON SCHUHABDRÜCKEN

- Lege den Pappring so um den Schuh- oder Reifenabdruck, dass sich dieser genau in der Mitte befindet. Bei größeren Abdrücken musst du

einen längeren Pappstreifen verwenden.

- Nun befreie die Spur vorsichtig von Blättern, Gras und anderen Fremdkörpern, die sich auf der Spur eingefunden haben. Benutze die Pinzette, um die Spur nicht zu beschädigen. Um sie ein wenig zu befestigen, sprühe sie mit Haarspray ein. Gerade bei Spuren im Matsch ist dies sehr sinnvoll.
- Rühre so viel Gips an, dass du die Pappstreifenform damit ausgießen kannst. Der Gips darf weder zu flüssig noch zu dick sein. Ist die Konsistenz etwa so wie frisch gekochter Pudding, ist er genau richtig.
- Gieße den Gips nun vorsichtig in die Form. Die Gipsschicht muss etwa 3 cm dick sein. Die Holzstäbchen drückst du in den Gips, um ihn zu stabilisieren. Nach einer Stunde ist er hart und du kannst den Gips vorsichtig vom Boden nehmen. Entferne den Pappstreifen und reinige den Abdruck unter fließendem Wasser.
- Wenn du tatsächlich in einem Fall ermittelst, darfst du nicht vergessen, dir genau zu notieren, wann (Datum, Uhrzeit) und wo (Ort) du den Abdruck gefunden hast. Profis machen übrigens vor der Abnahme des Gipsabdrucks ein Foto von der genauen Lage und Größe. Zu diesem Zweck legen sie ein Zentimetermaß neben den Abdruck, bevor sie auf den Auslöser drücken.
- Nun kannst du dich auf die Suche nach dem Verursacher des Abdrucks machen.
- Bewahre die gesammelten Schuh- und Reifenabdrücke sorgfältig im Archiv auf (Seite 106–107).

Zum Sichern brauchst du:

- **einen Pappstreifen von etwa 80 cm Länge (oder zwei Pappstreifen von 40 cm Länge, verbunden mit Heftklammern) und 10 cm Breite.**
- **eine Pinzette**
- **vier dünne Holzstäbchen**
- **Gips (am besten der besonders harte Alabaster-Gips)**
- **ein Gefäß zum Anrühren**
- **einen Löffel zum Anrühren**
- **Wasser**
- **Haarspray**

Z
U
V
R
S
L
M
G
C
A
B

Bobs Archiv

Doch wenn du nun Informationen gesammelt, Spuren gefunden und gesichert, Tagesberichte und Protokolle geschrieben hast – wohin damit? Und wenn du nach Adressen, Zeitungsartikeln, vergleichbaren Fingerabdrücken, Büchern und Tipps suchst – wo findest du sie? Im Archiv natürlich! Ohne ein sorgfältig aufgebautes und gut verwaltetes Archiv kann kein Detektivbüro auf der Welt existieren. Denn hier laufen alle Fäden zusammen, um entwirrt zu werden. Hier sind die gesuchten Erklärungen griffbereit, hier findet man oft die Antworten auf die Fragen, die man draußen nicht beantworten konnte. Daher hat Bob für dich einige wichtige Tipps und Tricks zusammengestellt, die dir dabei helfen, richtig und effizient zu archivieren und zu recherchieren.

Das Anlegen eines Club-Archivs

Für ein Archiv brauchst du natürlich etwas Platz. Da wahrscheinlich dein Zimmer zugleich dein Detektivbüro ist, wirst du dort das Archiv unterbringen. Vielleicht steht dir auch eine kleine Abstellkammer, ein Teil des Hobbykellers oder eine trockene Dachkammer zur Verfügung. Je mehr Platz du bekommen kannst, desto besser und umfangreicher kannst du dein Archiv anlegen. Aber auch in einem Schrank, in einem Regal, unter dem Bett, in einer Schublade findet sich Platz, den du nutzen kannst. Besonders hilfreich ist natürlich ein Computer, auf dem du nicht nur viele Informationen speichern und verwalten, sondern mit dem du auch im Internet recherchieren kannst. Unbedingt notwenig ist er jedoch nicht. Viel wichtiger ist, dass in deinem Archiv kompromisslos Ordnung herrscht. Ein Detektiv, der erst lange nach Adressen, Fingerabdrücken und Zeitungsartikeln suchen muss, braucht erst gar nicht einen Fall zu übernehmen. Wem schon in seinem eigenen Archiv der Durchblick fehlt, dem fehlt er erst recht, wenn er einen Verdächtigen überführen und die Tat aus vielen Indizien wie ein Puzzle zusammensetzen und rekonstruieren will. Ordnung darfst du niemals dem Zufall überlassen, sondern musst sie herstellen.

Bobs Tipp

Alle wirklich wichtigen Adressen und Telefonnummern, allen voran Polizei, Feuerwehr und Notarzt, solltest du auf einer besonderen Karteikarte immer griffbereit haben. Hier sollten auch Institutionen und Ansagen wie die nächste Giftnotrufzentrale (findest du im Telefonbuch), die Pollenflugvorhersage, die nächste Postagentur, die Wettervorhersage, die Zeitansage, der Weck- und Erinnerungsservice und natürlich die Telefonauskunft zu finden sein. Im Notfall ersparst du dir die Suche im Telefonbuch. Speichere diese Nummern auch in dein Handy ein.

GRUNDSÄTZLICH GIBT ES NATÜRLICH MEHRERE ORDNUNGSMÖGLICHKEITEN

Folgende Hilfsmittel haben sich dabei sehr bewährt:

- Einige feste Kartons (Versand- oder Schuhkartons), die sich gut verschließen und verstauen lassen. Sie werden entweder mit Nummern oder mit Aufschriften versehen. In diesen Kartons finden vor allem kleinere Spuren und Indizien Platz, zum Beispiel eine leere Zigarettenschachtel, die du am Tatort gefunden hast, einen weggeworfenen Fahrschein, eine Quittung. Aber auch Fingerabdrücke können in Kartons archiviert werden.
- Diese Indizien finden wiederum Platz in Briefumschlägen oder größeren Versandtaschen, die es in jedem normalen Schreibwarenladen zu kaufen gibt. Diese Umschläge müssen natürlich ebenfalls nummeriert und beschriftet werden. Sie dienen übrigens auch dazu, den Inhalt zu schützen. Größere Objekte wie Schuhabdrücke oder Beweisstücke gehören in die Asservatenkammer (Seite 108–109).
- Den Inhalt jedes Kartons und jedes Umschlags katalogisierst du auf einer Inhaltsliste – entweder im Computer, auf einem Blatt Papier oder einer Karteikarte. Hier kannst du jederzeit nachschauen und weißt sofort: Der Abdruck von der ZP Müller z. B. befindet sich im Karton III im Umschlag 8.
- Für Adressen oder ein Personenregister oder überhaupt zur Archivierung von Informationen haben sich Karteikarten sehr bewährt. Am besten eignet sich das Format DIN A6 (Postkartengröße). Es gibt sie im Schreibwarenhandel in verschiedenen Farben, die du verschiedenen Bereichen zuordnen kannst, zum Beispiel die Farbe Rot für Verdächtige, Grün für Tatzeugen, Blau für Clubmitglieder usw. Auch Fotos können auf diese Karten aufgeklebt werden.
- Für die Karteikarten brauchst du natürlich auch einen geeigneten Karton oder einen Karteikasten, den es ebenfalls im Handel gibt.
- Gut geeignet sind auch große Aktenordner (Leitzordner®), die sich in jedes Regal stellen lassen und in denen sich platzsparend sehr viel Material unterbringen lässt. Auch in solchen Ordnern lassen sich Umschläge mit Indizien und Fingerabdrücken abheften.

Bei der Archivierung ist zu beachten:

Du musst immer genau wissen, wo du welche Informationen sofort findest. Außerdem muss dies im Notfall auch dein Partner können. Und alle Kartons, Karteikästen und Ordner müssen so verstaut sein, dass sie vor Neugierigen sicher sind. Verstecke sie entweder gut, tarne sie unter anderen Dingen oder beschrifte sie raffiniert. Steht zum Beispiel auf deinem Archivordner im Regal „Hausaufgaben“, wird das Interesse an ihm gering sein.

Der Computer im Archiv

Wenn du einen Computer hast, kannst du deine Adressen, Informationen und Berichte auch dort eingeben, speichern und verwalten. Das spart auf jeden Fall eine Menge Platz und Zeit. Doch auch bei der Computerlösung musst du darauf achten, dass du den Durchblick nicht verlierst. Ein Computer nützt dir nämlich gar nichts, wenn du nicht weißt, was du in welchem Ordner abgelegt hast und wo deine Disketten oder CD's sind. Ordnung heißt auch hier wieder das oberste Prinzip.

UND SO MACHST DU AUS DEINEM PC EINEN ARCHIV-COMPUTER

▸ Lege also für jeden Bereich (Verdächtige, Zeugen, Adressen, Protokolle usw.) einen eigenen Ordner an. Innerhalb des Ordners sollten die einzelnen Dokumente alphabetisch oder numerisch geordnet sein.

▸ Bei Adressen empfiehlt sich ein geeignetes Adressenverwaltungsprogramm mit Suchfunktion. Ein kostenloses Programm dieser Art kannst du dir herunterladen:
WWW.LOGITIME.DE/SOFTWARE/SOFTWARE.HTML
Es heißt „Adressen 2.0“ und ist ideal für die Detektivarbeit.

▸ Wenn du die Möglichkeit hast, einen Scanner an deinen Computer anzuschließen, kannst du Fotos, Zeitungsartikel, Tatortskizzen und sogar Phantombilder (Seite 32–33) und Fingerabdrücke (Seite 78–79) einscannen. Die Phantombilder kannst du mit einem Bildbearbeitungsprogramm noch genauer gestalten. Die Fingerabdrücke lassen sich, wenn dein Scanner gut genug ist, vergrößern und optimal vergleichen. Richtig abgelegt, reicht ein Mausklick, und du bist dem Täter dicht auf den Fersen.

▸ Fast jeder Computer verfügt auch über einen Drucker. Ihn kannst du nutzen, um für deine Partner oder Clubmitglieder Berichte und Steckbriefe auszudrucken. Auch für die Öffentlichkeitsarbeit kannst du ihn verwenden (Seite 112–113).

▸ Sofern du einen Internet-Zugang hast, kannst du mit deinen Partnern per E-Mail kommunizieren, Daten, Bilder und wichtige Informationen austauschen.

Bobs Tipp

Ein Computer ist eine feine Sache, doch ist auch Vorsicht geboten. Wie jede Maschine kann ein Computer plötzlich einen Defekt haben. Er kann abstürzen oder die Festplatte gibt plötzlich den Geist auf. Hast du keine Sicherheitskopien von deinen Daten auf einer Diskette oder CD gemacht, können sie für immer verloren sein. Vergiss das also nie! Die wichtigsten Daten sollte man nach wie vor auf Karteikarten sammeln, denn im Notfall oder bei einem Stromausfall ist dein Archiv sonst wertlos. Ohnehin können Karteikarten und Computer ein prima Team sein.
Und noch etwas: Zu einem Computer haben oft mehrere Personen Zugang. Außerdem könnten Hacker deine Dateien ausspionieren, wenn du im Internet bist. Schütze also deine Dateien mit einem Passwort und recherchiere nie im Internet ohne Virenschutzprogramm und Personal Firewall. Denn der Schutz deines Archiv und die Sicherheit der Daten sind äußerst wichtig.

Die Archiv-Bibliothek

Jedes gute Archiv verfügt natürlich auch über eine kleine Bibliothek, in der man wichtige Informationen schnell nachschlagen und sich weiterbilden kann, aber auch Krimi-nalliteratur findet. Weihnachten und Geburtstage sind beste Gelegenheiten, sich die passenden Bücher schenken zu lassen.

Bobs Tipp

Ich weiß, Bücher sind teuer. Daher lohnt es sich, regelmäßig in ein Modernes Antiquariat zu gehen. Das ist eine besondere Art des Buchladens, in dem Bücher sehr preisgünstig verkauft werden, von denen die Verlag nur noch kleine Restmengen haben. Bei uns in Rocky Beach gibt es einen kleinen Buchladen, dessen Besitzer, Mr Smith, immer dafür sorgt, dass eine Kiste mit sehr billigen Büchern vor dem Eingang steht. Hier haben wir schon oft tolle Bücher, zu einem sehr niedrigen Preis bekommen, weil sie leichte Beschädigungen aufwiesen. Auch der Besuch auf Flohmärkten und bei Tauschbörsen lohnt sich. Nicht zuletzt gibt es das Internet. Dort bieten viele Internetbuchhändler neben neuen auch gebrauchte Bücher an. Schnell hat man so die Bücher zusammen, die man für ein gutes Archiv benötigt.

KEINESWEGS FEHLEN SOLLTEN IN DER ARCHIV-BIBLIOTHEK FOLGENDE BÜCHER

- Ein allgemeines Lexikon oder auch ein gutes Jugendlexikon.
- Ein Atlas und natürlich ein Stadtplan der Stadt bzw. ein Regionalplan deiner Region.
- Sinnvoll ist auch ein Länderlexikon, in dem die kulturellen Eigenheiten der wichtigsten Länder zu finden sind.
- Ebenso sinnvoll sind einige Bestimmungsbücher, denn als Detektiv muss man oft genug ermitteln, welcher Baum gemeint (Treffpunkt bei der großen Pappel) und von welchem (entlaufenen) Tier eine Spur stammt. Außerdem kann man ein Bestimmungsbuch auch als Tarnung verwenden (Seite 14–15).
- Ein Wörterbuch, auf jeden Fall Deutsch / Englisch, Deutsch / Französisch und Deutsch / Italienisch sind auch nicht schlecht. Wohnst du in der Nähe einer Grenze, denke bitte an das Nachbarland und besorge dir ein entsprechen-

des Wörterbuch, zum Beispiel Deutsch/Polnisch oder Deutsch/Niederländisch.

- Ein Fremdwörterbuch, denn es ist für einen Detektiv sehr wichtig, unbekannte Wörter nachzuschlagen und Fachgespräche zu verstehen.
- Möglichst ein Fachbuch über Kriminalistik, wie zum Beispiel „Das Große ???-Kriminalistik-Lexikon".
- Ein Fachbuch über Geheimschriften, Geheimsprachen und Kryptologie im Allgemeinen.
- Das Telefonbuch nicht zu vergessen, vor allem die dazugehörigen Gelben Seiten, in denen die Firmen und Betriebe zu finden sind.
- Es kann auch nie schaden, immer mal wieder in Kriminalromanen zu schmökern. Von Jane Marple, Sherlock Holmes und Co. kann man sich durchaus mal was abgucken. Und lass dich bloß nicht entmutigen – auch große Detektive haben mal klein angefangen ...

Das Zeitungsarchiv

Diese Situation kennst du aus jedem besseren Fernsehkrimi: Der Detektiv sucht in einer Bibliothek in alten Zeitungen nach Informationen über Verdächtige oder Beteiligte an einem Kriminalfall. Ist es ein guter Detektiv, hat er auch in seinem Büro ein kleines Zeitungsarchiv. Denn er muss immer auf der Höhe der Zeit sein. Er muss zum Beispiel wissen, dass die Fälle von Umweltverschmutzung im nahen Park bislang unaufgeklärt sind, dass sich ein raffinierter Taschendieb in der Gegend herumtreibt und dass in der Tankstelle in der Goethestraße zum dritten Mal eingebrochen wurde. In diesem Fall sucht er die Zeitungsartikel der anderen beiden Einbrüche aus seinem Archiv und versucht, Parallelen zwischen diesen Einbrüchen herzustellen. Könnten sie von ein und demselben Täter begangen worden sein? Trotz Internet ist ein Zeitungsarchiv unverzichtbar. Zeitungsartikel kann man nämlich über Jahre hinweg

aufheben, wohingegen die Online-Ausgaben von Zeitungen nur eine Woche im Netz stehen. Die Recherche im Online-Archiv danach ist kostenpflichtig.

PRAKTISCHE TIPPS ZUM ZEITUNGSARCHIV

- Lies täglich die Zeitung, am besten eine mit Regionalteil. Bestimmt haben deine Eltern eine abonniert. Achte auf die Polizeiberichte, die meist eine eigene Rubrik haben. Verfolge aber auch die größeren Berichte über Kriminalfälle in deiner Region. Wichtig sind vor allem Warnungen. Ist ein Trickbetrüger aktiv, der an der Tür klingelt und unter einem Vorwand in die Wohnung gelassen werden will? Wurden parkende Autos wiederholt beschädigt?
- Interessant sind auch Artikel über Feuerwehreinsätze und besondere Vorkommnisse. Ist ein seltenes Tier aus dem Zoo ausgebrochen? Sind schon wieder wertvolle Bücher aus der öffentlichen Bücherei verschwunden? Werden plötzlich von verschiedenen Leuten Katzen oder Hunde vermisst?
- Wenn du einen Artikel für wichtig hältst, schneide ihn aus, klebe ihn auf ein weißes Blatt Papier (DIN A4) und hefte ihn dann in einem Ordner ab. Vergiss nicht, die Quelle auf dem Blatt zu notieren (Welche Zeitung? Wann ist der Artikel erschienen und auf welcher Seite?).
- Ordne die Artikel nach genauen Kategorien, denen du Überschriften gibst, zum Beispiel „Einbrüche“, „Ladendiebstähle“, „Trickbetrüger“, „Umweltvergehen“ oder „Rätselhaftes“. Hefte die Beiträge zwischen entsprechenden Deckblättern ab. So kannst du später gesuchte Zeitungsartikel schnell wiederfinden.
- Sinnvoll ist auch ein Namensregister. Suche die Namen von in den Beiträgen erwähnten Personen und schreibe sie in alphabetischer Reihenfolge auf. Vermerke hinter jedem Namen den entsprechenden Zeitungsartikel. Fällt der Name irgendwo, kannst du schnell nachschauen, in welchem anderen Zusammenhang er schon erwähnt wurde.

Bobs Tipp

Auch Zeitungen sind teuer, ganz abgesehen davon, dass dir auch nicht jede zur Verfügung steht. Doch eine Zeitung ist für viele Menschen eine leicht verderbliche Ware, die meistens noch am selben Tag im Altpapier landet. Erkundige dich bei deinen Nachbarn, welche Zeitungen sie lesen, und frage sie, ob du sie später bekommen kannst. Zum Altpapier kannst du sie dann immer noch geben.

Die Bibliotheks-Recherche

Eine kleine Archiv-Bibliothek und ein eigenes Zeitungsarchiv helfen dir in vielen Fällen weiter. Doch leider nicht in allen. Dann musst du wie die Profis eine öffentliche Bibliothek, eine Stadtbücherei oder sogar ein Universitätsbibliothek aufsuchen, um in seltenen Büchern oder alten Zeitungen nach Informationen und Spuren zu suchen. Das will natürlich gekonnt sein. Hier sind paar Tipps, damit auch du schnell zum Könner wirst.

PROFITIPPS FÜR BIBLIOTHEKEN

- Bevor du in einer Bibliothek eine Recherche starten kannst, brauchst du natürlich erst einmal einen Bibliotheksausweis. Informiere dich in den in Frage kommenden Bibliotheken, welche Bedingungen du erfüllen musst, um einen solchen Ausweis zu erhalten. Dann lasse ihn dir – notfalls mit Hilfe deiner Eltern – ausstellen.
- Warte nicht mit dem ersten Besuch, bis du die Bibliothek tatsächlich einmal brauchst, sondern mache dich rechtzeitig mit den Gegebenheiten vertraut. Besorge dir die Öffnungszeiten und einen Lageplan. Wo steht welche Art von Literatur? Wo muss ich mich erkundigen, wenn ich ein Buch nicht finde? Wie leihe

ich alte Zeitungen aus, die zu großen Büchern gebunden werden? Wo ist der Lesesaal für diese gebundenen Zeitungen?

▸ Jede größere Bibliothek hat ein besonderes Archiv für bekannte Persönlichkeiten. Dort kannst du alles über ihren Lebensweg erfahren. Erkundige dich, wie man dieses Archiv benutzt.

▸ Neben den Bibliotheken können auch verschiedene Archive, zum Beispiel ein Stadtarchiv, das sich sehr oft direkt im Rathaus befindet, viele Informationen für einen Detektiv bereithalten. Erkundige dich auch dort, wie man es benutzt.

▸ Moderne Bibliotheken arbeiten mit Computern, doch auch Karteikästen sind oft noch in Betrieb. Lass dir zeigen und erklären, wie man bestimmte Bücher und Zeitungen findet. Wie gibt man Stichwörter und Suchbegriffe ein? Wo findet man alles über berühmte Kriminalfälle, über Geheimschriften und Umweltkriminalität? In welchen Büchern kann ich nachlesen, wie ich mich am besten verkleide?

Bobs Tipp

Bibliotheken sind übrigens auch sehr beliebte Treffpunkte für Agenten und Detektive. Viele Menschen unterschiedlichen Alters und unterschiedlicher Herkunft suchen hier nach der passenden Lektüre. Wer sich geschickt unter diese Menschen mischt, ist unauffällig, auch wenn er einer anderen Person ein Buch zeigt oder ihr sogar etwas überreicht. Das macht eine Bibliothek für einen Detektiv zu einem spannenden Ort. Außerdem werden bestimmte Bücher in Bibliotheken gerne als tote Briefkästen genutzt (Seite 60–61). Am besten wählt man natürlich ein Buch aus, das so gut wie keine Beachtung findet. Ein Buch, das bei jedem Bibliotheksbesuch an seinem Platz steht, ist der ideale TBK. In so einem Buch deponiert man die geheime Nachricht, und zwar getarnt als Lesezeichen. Ein einfaches Stück Papier, ein unbeschriebener Zettel, den irgendjemand vergessen zu haben scheint. Dieses vermeintliche Lesezeichen ist natürlich zwischen zwei vorher verabredeten Seiten zu finden. Steckt es zwischen zwei anderen Seiten, stimmt etwas nicht. Ein ahnungsloser Leser wird dieses vergessene Lesezeichen einfach wegwerfen. Doch ein Partner, der sich dieses Buch bewusst ausleiht und mit dem Lesezeichen nach Hause geht, weiß, was zu tun ist. Denn der Zettel wurde mit unsichtbarer Tinte beschrieben. Er braucht sie nur sichtbar zu machen und kann die Nachricht lesen (Seite 28).

Die Internet-Recherche

Entstanden ist das Internet übrigens aus einem Computersystem des amerikanischen Verteidigungsministerium. Die ersten Server wurden bereits 1969 installiert.

Neben Bibliotheken ist auch das Internet ein sehr nützliches Instrument für einen Detektiv. Das Internet führt zwei schon sehr betagte Erfindungen zusammen, nämlich das Telefonnetz, das bereits Ende des 19. Jahrhunderts aufgebaut wurde. Und den modernen Digitalrechner, der 1941 von Conrad Zuse entwickelt wurde. Den ersten PC mit Maus und Benutzeroberfläche konnte man 1977 kaufen. Damals gab es nur ein sehr kleines Angebot im Internet, heute ist die Zahl der Webseiten und Homepages unüberschaubar geworden.

INTERNET FÜR DETEKTIVE

- Wenn du also im Internet recherchierst, benutzt du am besten eine Suchmaschine. Dort kannst du verschiedene Begriffe oder Namen eingeben und bekommst dann Webseiten angeboten, in denen diese Begriffe und Namen auftauchen. Der Umgang mit einer Suchmaschine verlangt etwas Übung. Zu den bekannten Suchmaschinen zählen übrigens: **HTTP://WWW.GOOGLE.DE**, **HTTP://DE.YAHOO.COM** und **HTTP://DE.ALTAVISTA.COM.**
- Gib nach Möglichkeit immer mehrere Begriffe ein, um das Angebot an Webseiten zu verringern, zugleich aber

Bobs Tipp

Wenn du keinen PC und keinen Internet-Zugang zur Verfügung hast, kannst du trotzdem online recherchieren. Denn es gibt viele öffentliche Möglichkeiten, ins Internet zu kommen. Viele Bibliotheken, kirchliche Einrichtungen und Jugendhäuser bieten zum Beispiel diese Möglichkeit. Auch gibt es Internet-Cafés, in denen man einen PC zum Surfen benutzen kann.

Und nur zur Erinnerung: Das Internet birgt viele Gefahren. Auch hier tummeln sich leider viele Kriminelle. Surfe also niemals ohne entsprechende Sicherheits-Programme, die dich vor bösen Überraschungen bewahren!

die Chance auf einen Treffer zu erhöhen.

▸ Bibliotheken und das Internet sind nicht völlig verschiedene Welten. Fast jede Bibliothek und jedes Archiv ist im Internet zu finden, viele davon mit ihrem Katalog. Das heißt, du kannst von zu Hause aus zumindest die Titel einer Bibliothek nach geeigneten Büchern durchsuchen und oft sogar online vorbestellen, um sie am nächsten Tag nur noch abzuholen. Auch kann man die Rückgabefrist online verlängern.

▸ Im Internet findest du auch ein bundesweites Telefonbuch, in dem du nach Namen und Adressen suchen kannst. Die meisten Provider, zum Beispiel T-Online oder AOL, bieten diese Online-Telefonbücher an.

▸ Für E-Mail-Adressen gibt es besondere Suchmaschinen. Sehr bewährt hat sich die Suchmaschine MESA: **HTTP://MESA.RRZN.UNI-HANNOVER.DE.**

▸ Wenn du eine für dich wichtige Information gefunden hast, drucke sie am besten aus und hefte sie ab, denn das Abspeichern benötigt viel Speicherplatz. Dabei musst du nicht alles ausdrucken, sondern kannst den Bereich, der dich interessiert, mit der linken Maustaste markieren. So bleiben dir viele überflüssige Seiten erspart.

▸ Folgende Webseiten können für dich interessant sein: **WWW.ROCKY-BEACH.COM** (für alle Fans der drei ???); **WWW.DREIFRAGEZEICHEN.DE** (hier erfährst du etwas über die Hörspielversionen der drei ???); **WWW.DETEKTIVKLUB.DE** (eine Detektivseite für Kinder und Jugendliche); **WWW.DAS-SYNDIKAT.COM** (die Seite der Autorengruppe „deutschsprachiger Kriminalliteratur“; hier findest du ein Krimiautorenlexikon und viele Tipps).

Die Tagesberichte

Auch diese Situation ist dir sicherlich aus vielen Krimis bekannt: Am Ende eines langen und aufregenden Tages hat der Detektiv noch keinen Feierabend, sondern muss noch den Papierkram erledigen. In den meisten Fällen heißt dies, er muss einen Tagesbericht schreiben. Und das ist keine lästige Nebensächlichkeit, sondern für die Ermittlungsarbeit von herausragender Bedeutung.

Bobs Tipp

Anstelle eines Notizblocks benutzen viele Detektive heute ein kleines und handliches Diktiergerät, das kaum größer als ein Handy ist. Statt zu schreiben, sprechen sie alle wichtigen Informationen auf Band oder in einen digitalen Speicher. Später hören sie diese Aufzeichnungen ab und schreiben ihren Bericht oder lassen ihn vom Sekretariat schreiben.

Ein Schreibbüro kannst du dir natürlich nicht leisten, aber vielleicht ein Diktiergerät. Sie sind nämlich in den letzten Jahren sehr preiswert geworden. Außerdem gibt es im Handel oder im Internet, zum Beispiel bei ebay (www.ebay.de), gebrauchte Geräte zu kaufen. Vielleicht haben sogar deine Eltern ein Gerät, das sie nicht mehr benötigen.

UND DAS STEHT IM TAGESBERICHT

- Der Detektivalltag ist sehr ereignisreich und aufregend. Sich die Erfahrungen und Erlebnisse jedes Tages zu merken und später zum Beispiel einem Klienten oder vor Gericht genau wiederzugeben, ist unmöglich. Daher schreibt man am Ende eines Tages einen Bericht.
- Die Grundlage dieses Berichtes sind die Notizen aus deinem Notizblock, neben der Lupe ein unverzichtbarer Teil deiner Detektivausrüstung. Hier werden schnell alle wichtigen Details notiert, damit man sie nicht vergisst, zum Beispiel Adressen, Uhrzeiten, Observierungen (Wann ist man wem wohin auf welcher Strecke gefolgt?), Aussagen und Beobachtungen.
- Auf die Details kommt es an, denn sie sind schnell vergessen, vor allem die, die man für unwichtig hält. Doch ob sie es tatsächlich sind, erweist sich meistens erst viel später. Damit man dann auf sie zurückgreifen kann, schreibt man sie in den Tagesbericht. Entdeckst du dann irgendwann plötzlich eine heiße

Spur oder wichtige Zusammenhänge, kannst du vielleicht wichtige Hinweise in den Tagesberichten finden.

- Natürlich schreibst du keine Romane, sondern wirklich nur kurze Berichte. Und diese schreibst du auch nur dann, wenn du an einem Fall arbeitest. „Effizientes Arbeiten“, würde Justus dazu sagen.
- Die Berichte müssen so verfasst sein, dass auch ein Partner oder ein Klient, also ein Auftraggeber, sie lesen kann.
- Die Tagesberichte wandern selbstverständlich auch ins Archiv, wo sie in einem Aktenordner gut aufgehoben sind. Am besten ordnest du sie den Fällen zu. Wie du ein „Archiv der Fälle“ einrichtest, erfährst du auf den Seiten 104–105 in diesem Buch.

Das Protokoll

Das Wort „Protokoll“ stammt aus dem Lateinischen und heißt „den amtlichen Papyrusrollen vorgeleimtes Blatt“. Ursprünglich war es also eine Art Inhaltsverzeichnis oder Zusammenfassung.

Auch das Schreiben von Protokollen ist ein vertrauter Vorgang, den du bestimmt aus vielen Kriminalfilmen kennst. Jede Zeugenaussage und jede Vernehmung eines Verdächtigen wird sorgfältig protokolliert. Anschließend muss das Protokoll vom Zeugen oder dem Verdächtigen unterschrieben werden, denn sonst ist es kein verwertbares Beweismittel. Heute ist ein Protokoll ein genauer Bericht über alle Aussagen, die bei einem Gespräch gemacht worden sind.

PROFESSIONELLES PROTOKOLLFÜHREN

- Es gibt sehr unterschiedliche Arten von Protokollen, etwa das Verhandlungsprotokoll oder das Gerichtsprotokoll. Für Detektive sind allerdings nur zwei Arten interessant, nämlich das Ergebnisprotokoll und das Verlaufsprotokoll. Im Ergebnisprotokoll werden nur die wichtigsten Ergebnisse einer Besprechung oder eines Verhörs zusammengefasst. Im Verlaufsprotokoll werden sämtliche Aussagen wortwörtlich mitgeschrieben.
- Für einen Detektiv steht natürlich die Zeugenaussage im Vordergrund, denn einen Verdächtigen darf nur die Polizei verhören. Doch Zeugen einer Tat oder eines sonderbaren Vorfalls können auch von Detektiven befragt werden. Und ohne Protokoll ist diese Befragung sinnlos.
- Halte die Befragung so kurz wie möglich. Überlege deine Fragen sehr genau und vermeide überflüssige Abschweifungen. Stelle deine Fragen nur zur Sache, zum Beispiel zum Tathergang.
- Entscheide dich, ob für diese Befragung ein Verlaufs- oder ein Ergebnisprotokoll in Frage kommt. Schreibe jede Aussage ohne Änderung des Wortlautes mit. Vergiss nichts, selbst unwichtig erscheinende Details können sich später als wichtig erweisen.
- Am besten führt man eine Zeugenbefragung zu zweit durch. Einer stellt die Fragen, einer schreibt das Protokoll. Jeder konzentriert sich auf seine Arbeit, das hilft, Fehler zu vermeiden. Auch die Profis bei der Kriminalpolizei und von Detekteien arbeiten so.

- Jedes Protokoll hat einen so genannten „Kopf“, in den folgende Angaben gehören: Datum, Uhrzeit (Dauer), Ort, Anlass, Teilnehmer. Diese wichtigen Angaben bitte nicht vergessen!
- Wenn du verschiedene Zeugen befragt hast, vergleiche ihre Aussagen sehr genau. Vielleicht reichen einige Abweichungen schon aus, um den Fall zu klären oder auf wichtige Hinweise zu stoßen. Ohne schriftliche Protokolle ist dies natürlich nicht möglich.
- Die Protokolle gehören natürlich ins Archiv, wo sie jederzeit griffbereit sein müssen. Und auch hier, wie auch bei allen deinen anderen Aufzeichnungen, gilt: Pass genau auf, dass kein Unbefugter Einsicht in die Dokumente nehmen kann. Datenschutz gehört zu den obersten Geboten eines guten Detektivs!

Bobs Tipp

Bei einer Zeugenbefragung kannst du natürlich auch ein Diktiergerät, einen Kassettenrekorder oder ein Tonband einsetzen, um ein lückenloses Protokoll zu erhalten. So hast du später genügend Zeit, die wichtigsten Aussagen zu Papier zu bringen. Außerdem kannst du einen Zeugen mit der Tonbandaussage eines anderen Zeugen konfrontieren. Du spielst ihm die Aussage einfach vor und wartest seine Reaktion ab. Dieses Verfahren hat schon weitergeholfen.

Die Kunden-Kartei

Ein wichtiger Bereich eines guten Archivs ist die Kunden-Kartei. Mit „Kunden“ sind natürlich die Verdächtigen und die bereits Überführten gemeint. Möchtest du eine solche Kartei anlegen, kannst du die üblichen Karteikarten im Postkartenformat (DIN A6) verwenden oder deinen Computer einsetzen. Das bleibt ganz dir überlassen. Wichtig ist nur, dass du jeden Kunden ohne große Suche findest. Vor allem musst du darauf achten, dass kein Unbefugter einen Blick auf deine Kunden-Kartei werfen kann, denn niemand darf erfahren, wen du zum Kreis der Verdächtigen zählst und wie die Art deines Verdachtes ist.

FOLGENDE ANGABEN GEHÖREN IN EINE KUNDENKARTEI

▸ Die Angaben zur Person sind auf jeder Karteikarte immer nach dem gleichen Muster angeordnet. Auf der Vorderseite stehen Nach- und Vorname, Geschlecht, Alter, Geburtsort, die aktuelle Adresse, Telefonnummer und Beruf. Dann folgen die Körpergröße, die Haar- und die Augenfarbe, die Statur, die Schuhgröße (siehe Checkliste Seite 65) und die besonderen Kennzeichen (Brillenträger, Narben, Gehfehler etc.). Nun kommen die dir bekannten Taten, seine typische Arbeitsweise und deine Verdachtsmomente.

Bobs Tipp

Wer glaubt, in dieser Kundenkartei würden nur Menschen aufgenommen, unterschätzt die Detektivarbeit. Denn immer wieder kommt es vor, dass Tiere als Täter überführt werden. Nicht der Babysitter, sondern eine diebische Elster hat den Goldring gestohlen. Nicht ein böser Nachbar hat die üblen Schimpfworte ausgesprochen, sondern ein schlecht erzogener Papagei. Nicht der Briefträger hat sich das letzte Pizzastück geschnappt, sondern der Hund. In der Kriminalerzählung „Die Morde in der Rue Morgue“ von Edgar Allan Poe (1809 – 1849) entlarvt C. Auguste Dupin am Ende gar einen Orang-Utan als Täter. Der geniale Detektiv kann so einen Unschuldigen retten. Also, bei der Kundenkartei mit den üblichen Verdächtigen bitte die Tiere nicht vergessen!

▸ Die Rückseite der Karte bietet Platz für ein Foto des Kunden sowie für seine Fingerabdrücke, die du mit anderen am Tatort gefunden Abdrücken, vergleichen kannst.

▸ Wenn du noch Platz für weitere Angaben benötigst, etwa für einen vorhandenen Ohrabdruck (siehe Seite 20 und 79), verwende für diesen besonderen Kunden einfach zwei Karten.

▸ Wenn du die Kartei als Computerdatei führst, musst die Fotos und Fingerabdrücke natürlich einscannen und in den Text einfügen. Wenn du dies nicht schon kannst, lass dir den Ablauf von deinen Eltern, deinen Geschwistern oder einem Freund zeigen.

▸ Doch halt, wie kommst du überhaupt an die Fotos? Da gibt es viele Möglichkeiten. Du verwendest zum Beispiel ein Klassenfoto, ein Gruppenfoto, ein Bild aus der Zeitung, ein Bild von einer Homepage, ein Foto aus einer Schülerzeitung. Scheiden alle diese Lösungen aus, musst du versuchen, selbst ein Foto zu machen, und zwar so unauffällig wie möglich. Denn schließlich schöpfst du den Verdacht, die ZP soll hingegen keinen schöpfen. Wenn du keine Kamera besitzt, verwende eine billige Einwegkamera aus dem Fotoladen oder leihe dir eine.

Bist du gerade mit den Ermittlungen an einem Fall beschäftigt, kannst du Zeugen auch dein Bildmaterial einsehen lassen. Vielleicht ergeben sich interessante Fakten, die dich auf die richtige Spur bringen.

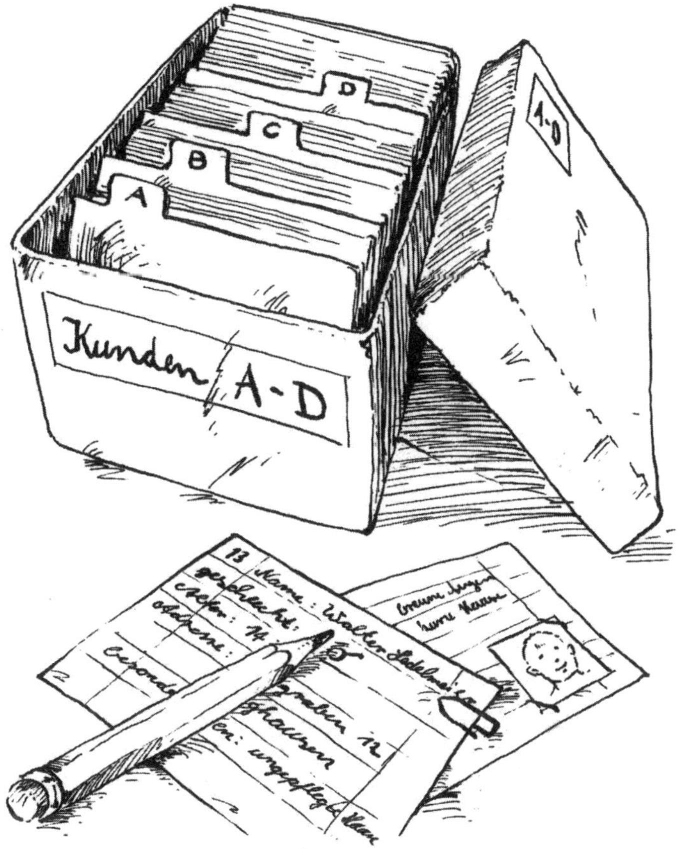

Aber Vorsicht, wenn du anderen Menschen Einblick in deine Kartei gewährst. Achte darauf, dass deine auf den Karten notierten Verdächtigungen stets verdeckt bleiben! Zum einen sollte der Datenschutz gewährleistet sein, zum anderen könnte der Zeuge sich von deinen Notizen beeinflussen lassen.

Die Tatortskizze

Auch die Tatortskizze gehört natürlich ins Archiv, aus dem man sie bei Bedarf wieder hervorholen kann. Eine gute Tatortskizze anzufertigen ist keine leichte Aufgabe, selbst wenn man ein guter Zeichner ist. Wie in der gesamten Detektivarbeit kommt es auch hier auf Genauigkeit an. Wer unkonzentriert und schlampig arbeitet, vergibt alle Chancen auf die Lösung des Falls.

HIER EIN PAAR TIPPS, WIE MAN ES RICHTIG MACHT

- Die wichtigste Grundregel lautet natürlich: Am Tatort nichts verändern oder berühren. Alles lässt man zunächst so stehen und liegen, wie man es vorgefunden hat.
- Sofern du einen Fotoapparat dabeihast, machst du aus verschiedenen Perspektiven Fotos. Dabei kannst du wichtige Spuren oder Beweisstücke mit Nummern versehen. Hierfür eignen sich Karteikarten gut, da man sie knicken und dann aufstellen kann. Schreibe mit einem dicken Filzstift Nummern auf die Karten und stelle sie neben die Objekte, bevor du auf den Auslöser drückst.
- Ob mit oder ohne Kamera, den ganzen Tatort mit allem drum und dran kannst du nicht auf ein Foto bannen, schon gar nicht von oben aus der Vogelperspektive. Diese Aufsicht brauchst du aber, um die Entfernungen und die genaue Lage der Beweisstücke festzuhalten. Daher ist eine Tatortskizze oder Tatortzeichnung unverzichtbar.
- Am besten geeignet ist kariertes Papier oder sogar Millimeterpapier. Wähle einen Maßstab, der es dir erlaubt, den Tatort möglichst groß wiederzugeben. Sehr gut eignet sich zum Beispiel der Maßstab 1:10 (1 m in der Natur entsprechen 10 cm auf deiner Skizze).
- Um eine solche maßstabsgetreue Skizze zu zeichnen, musst du den Tatort natürlich vermessen. Ein Maßband sollte also in der Detektivausrüstung auf keinen Fall fehlen.
- Als Erstes zeichnest du einen genauen Lageplan des

Tatortes, also das Zimmer, den Garten, den Parkplatz die Waldlichtung. Dann trägst du die großen Objekte ein, also die Möbel, die Autos, die Bäume und Büsche. Nun folgen die kleinen und kleinsten Objekte. Wichtige Spuren erhalten – wie bei den Tatortfotos – kleine Nummern, die am Rand deiner Zeichnung erklärt werden. Zum Beispiel: 1 = Zigarettenkippe, 2 = Brille, 3 = Kugelschreiber.

- Sehr wichtig ist, dass du auch die genauen Entfernungen in die Skizze überträgst. Wie weit ist der Kugelschreiber auf dem Boden von der Brille entfernt? Wie viele Meter liegen zwischen Schreibtisch und Fenster?
- Jede Tatortskizze muss eingeordet werden. Du trägst also am Rande der Skizze ein, wo Norden ist (Kompass). Die Angabe der Himmelsrichtung ist deshalb wichtig, weil der Stand der Sonne oder des Mondes zum Zeitpunkt der Tat eine Rolle spielen kann.
- Erst wenn du alle Details in deine Skizze eingetragen hast, darfst du dich um die Sicherung der Spuren kümmern.
- Die Tatortskizze wird mit dem Datum versehen und im Archiv den Fällen zugeordnet (Seite 104–105).
- Die Polizei fertigt manchmal Tatortzeichnungen an, die wie eine aufgeklappte Schachtel aussehen. In dieser Art von Skizze lässt sich die Lage der Gegenstände sehr genau festhalten.

Bobs Tipp

Wenn du überraschend und unvorbereitet an einen Tatort kommst, hast du natürlich kein Maßband dabei. Aber vielleicht ein Blatt Papier im Format DIN A4? Aus einem Ordner oder Heft aus deiner Schultasche? Dann kannst du damit die Entfernungen messen, denn ein DIN A4-Blatt ist 29,7 cm lang, also fast 30 cm. Faltest du es einmal in der Mitte, hast du runde 15 cm. Reiße dieses gefaltete Blatt nun vom Falz aus in vier Streifen. Wenn du drei der Streifen auseinander faltest und aneinander legst, erhältst du einen Papierstreifen von ca. 90 cm Länge. Von dem vierten Streifen reißt du nun ein Drittel ab. Dieses ungefähr 10 cm lange Stück fügst du an die drei anderen Streifen an. Nun hast du einen Papierstreifen von ca. 1 Meter Länge.
Zusammengeklebt ergibt dies ein provisorisches Metermaß, mit dem du den Tatort grob vermessen kannst. Und das ist besser als eine Schätzung nur nach Augenmaß!

Das Archiv der Fälle

Wenn du ein aktiver Detektiv bist und sauber und professionell arbeitest, sammeln sich sehr schnell viele Berichte, Protokolle, Hinweise und Dokumente an. Alle Unterlagen und Spuren, die du nicht oder noch nicht einem Fall oder einer Person zuordnen kannst, werden unter der Kategorie „Spuren“ archiviert (Seite 106–107). Kannst du sie jedoch zuordnen, landen sie in der Kategorie „Fälle“. Je nach Umfang deiner Ermittlungen kannst du mehrere Fälle in einem Ordner oder einem Karton ablegen – oder du legst für jeden Fall einen eigenen Ordner bzw. Karton an. Wichtig ist in jedem Fall die Ordnung.

Bobs Tipp

Abgeschlossene Fälle gehören nicht in staubige Ecken oder gar auf den Müll, denn die mit viel Mühe gesammelten Informationen haben einen großen Wert. Wer seine gelösten Fälle aufhebt, kann sie später mit anderen, nicht gelösten Fällen vergleichen. Oft stellt man dann Ähnlichkeiten und Parallelen fest. War vielleicht sogar derselbe Täter am Werk? Oder kopiert ein anderer Krimineller die Masche dieses Täters? Und wenn er die bekannte Masche benutzt, kann man ihm eine maßgeschneiderte Falle stellen? Aus gelösten Fällen kann man nur lernen – wenn man sein Archiv in Ordnung hält und richtig einsetzt. Auch wir, die drei ???, müssen uns immer wieder aufraffen und das Archiv unserer Zentrale neu ordnen. In der Zwischenzeit verstopfen unsere Aktenberge sogar einen der Geheimgänge zur Zentrale. Justus sucht immer noch nach einer „Optimierung der Struktur“, wie er in seiner bekannt komplizierten Ausdrucksweise zu sagen pflegt.

DEIN FALLARCHIV KANN SO AUSSEHEN

- Jeder Ordner oder Karton enthält zunächst ein Inhaltsverzeichnis, so dass man alle dort gesammelten Unterlagen schnell finden kann.
- Alle abgelegten Unterlagen müssen mit einem Eingangsdatum versehen werden. Du musst also wissen, wann du sie in den Ordner getan hast.
- Jedem Fall gibst du am besten einen Namen, zum Beispiel „Der Fall Müller“, „Der Fall Pudelmütze“ oder „Der Fall Niagara“. Wenn es sich aber um geheime Operationen handelt, wählst du Namen wie „Operation Sportplatz“

oder „Operation Hermann".

- Sämtliche Unterlagen, die zu einem Fall oder einer Operation gehören, werden in dem entsprechenden Ordner oder Karton archiviert. Oft kommt es dabei vor, dass Dokumente und Spuren aus anderen Ordnern oder Kartons entnommen und neu eingeordnet werden. Schließlich hat man nicht immer von Anfang an gewusst, dass diese Unterlagen zu einem bestimmten Fall gehören.
- Zu einem Fall gehören neben anderen Unterlagen – und sofern vorhanden: eine Tatortskizze (Seite 102–103), eine Tatortbeschreibung (Seite 66–67), die Zeugenaussagen bzw. Protokolle (Seite 98–99), deine Tagesberichte (Seite 96–97), die gesicherten Fingerabdrücke (Seite 78–79), Hinweise auf andere und größere Spuren oder Objekte wie Reifenabdrücke, die sich in der Asservatenkammer befinden (Seite 108–109), Fotos, die du gemacht hast, Zeitungsausschnitte (Seite 90–91).
- Wenn du einen Verdacht hast und sich der Verdächtige in deiner Kundenkartei befindet, ordnest du die entsprechende Karte auch in den Ordner ein. Jedoch nur, solange du ermittelst. Anschließend wandert die Karte wieder zurück in die Kundenkartei. Ist der Verdächtige ein Neuling, musst du natürlich eine neue Karte anlegen (Seite 100–101).
- Diese peinliche Ordnung hat den Sinn, alle Fakten eines Falls griffbereit an einem Ort zu vereinen. Nur so hast du immer einen Überblick über alle Indizien, Spuren und Hinweise, kannst sie in Ruhe studieren und vielleicht eine Lösung oder einen Täter finden.
- Abgeschlossene Fälle erhalten einen besonderen Vermerk, zum Beispiel einen roten Klebepunkt.

Das Spurenarchiv

Die meisten Spuren, die man irgendwo sichert, gehören zu ungelösten Fällen und wurden von unbekannten Personen hinterlassen. Auch sie müssen natürlich sorgsam archiviert werden, denn ihre Bedeutung kann mit der Zeit riesengroß werden. Ein abgebranntes Streichholz, ein Fingerabdruck, ein handgeschriebenes Wort auf einem Zettel, ein achtlos weggeworfenes Bonbonpapier, ein leere CD-Hülle können der Schlüssel zur Lösung eines Falls sein.

DAS OPTIMALE SPURENARCHIV

- Das bedeutet, dass alle Spuren, die sich nicht einem Fall oder einem Verdächtigen zuordnen lassen, ebenfalls in einem Ordner oder einem Karton abgelegt werden. Diese Spuren müssen einzeln etikettiert und datiert werden. Wann hast du sie wo gefunden?
- Es gibt verschiedene Möglichkeiten, diese noch nicht identifizierten Spuren zu archivieren. Du kannst sie zum Beispiel nach ihrer Art und Entstehung ablegen und abheften. Ein Fach in deinem Ordner oder Karton kann Fingerabdrücke enthalten, ein weiteres Schriftstücke, ein drittes Knöpfe usw.
- Eine andere Möglichkeit besteht darin, die Spuren nach ihren Fundorten zu sortieren. Wo und in welchem Zusammenhang hast du sie wann gefunden? Du richtest in deinem Ordner oder Karton Fächer ein, die mit jeweils einem Datum und dem Namen des Fundortes versehen sind.

Bobs Tipp

Wie wertvoll alte, aufgehobene Spuren sein können, zeigt sich immer wieder. Ein schönes Beispiel ist der Roman „Das Zeichen der Vier“ von Sir Arthur Conan Doyle. Gleich zu Beginn des Romans versucht Sherlock Holmes festzustellen, von wem ein wichtiger Brief stammt. Das geht natürlich nur mit einer zweiten Schriftprobe des Absenders. Hocherfreut bemerkt Sherlock Holmes, dass seine Klientin einen alten Karton aufbewahrt hat, auf dem sich eine handgeschriebene Adresse befindet. Nun kann er die beiden Handschriften vergleichen und sagt: „Sie sind wirklich eine Muster-Klientin; Sie haben einen Instinkt dafür, worauf es ankommt.“ Ein guter Detektiv weiß natürlich erst recht, worauf es ankommt. Er hat nämlich ein gut sortiertes Spurenarchiv, nicht zuletzt, um Schriften vergleichen zu können. Denn was Sherlock Holmes kann, ...!

- Größere Fundstücke wie Schuhabdrücke und Beweismittel werden natürlich weder in Ordnern noch in kleinen Kartons aufbewahrt, sondern gehören in die Asservatenkammer (Seite 108–109). Damit du jedoch weißt, dass du über diese Spuren verfügst, musst du an der entsprechenden Stelle in dem Fach eine Notiz ablegen, zum Beispiel: Spur Nr. 5, Schuhabdruck, gefunden am 3. August 2003 um 15.15 Uhr auf dem Feldweg bei Ochsenhausen, Asservatenkammer. So brauchst du nie lange nachdenken und suchen.
- Bevor du einen Fingerabdruck im Spurenarchiv ablegst, musst du ihn natürlich erst mit den bereits bekannten Abdrücken aus deiner Kundenkartei vergleichen. Vielleicht ist dir die Person, die den Abdruck hinterlassen hat, längst schon bekannt.
- Passt der Abdruck zu keinem dir bekannten Verdächtigen, musst du überlegen, wem er gehören könnte. Hast du keine Ahnung, legst du ihn erst einmal ab. Kommen zwei oder drei Personen in Frage, versuche an ihre Fingerabdrücke zu gelangen und vergleiche sie. Entweder landest du einen Volltreffer oder der Abdruck des Unbekannten landet doch im Spurenarchiv.
- Spuren und gefundene Objekte wie Knöpfe, Streichhölzer und Fasern archivierst du am besten in beschrifteten Umschlägen. Auch durchsichtige und verschließbare Gefrierbeutel sind wegen ihrer Transparenz gut geeignet.

Sir Arthur Conan Doyle (1859–1930), britischer Schriftsteller, Erfinder der bekannten Detektivfigur Sherlock Holmes.

Die Asservaten-Kammer

Bobs Tipp

Wenn außergewöhnliche Asservate nicht mehr benötigt werden, weil der Fall seit vielen Jahren abgeschlossen und der Täter längst verurteilt worden ist, wandern sie manchmal in ein Kriminalmuseum. Das größte und bekannteste ist das Kriminalmuseum in Rothenburg ob der Tauber, das du auch im Internet besuchen kannst: WWW.KRIMINALMUSEUM.ROTHENBURG.DE.
Berühmt ist auch das Wiener Kriminalmuseum, im Internet unter WWW.KRIMINALMUSEUM.AT
Auch in Freiburg im Breisgau, in Graz (Österreich), in Frankfurt am Main, in Zürich (Schweiz) und anderen Städten gibt es Kriminalmuseen. Erkundige dich, ob sich auch in deiner Nähe ein Kriminalmuseum befindet, und besuche es doch einmal. Nicht nur über die Geschichte der Kriminalität und Kriminalistik kannst du dort viel erfahren, sondern auch über den Umgang mit Asservaten.

In Asservatenkammern, wie sie die Kriminalpolizei unterhält, werden Gegenstände verwahrt, die in Zusammenhang mit einer kriminellen Tat stehen. Dies können Beweismittel in einem Kriminalfall sein, Hehlerware, Waffen, Videokassetten, beschlagnahmte Computer oder einfach nur Fundstücke. Größter Wert wird darauf gelegt, dass die Asservate – so werden die dort aufbewahrten Objekte genannt – nicht beschädigt oder zerstört werden. Schließlich sollen oder können sie in einem Prozess von entscheidender Bedeutung sein.
Auch für einen Detektiv ist es sinnvoll, eine kleine Asservatenkammer einzurichten.

UND SO MACHST DU DIR EINE ASSERVATENKAMMER

- Als Asservatenkammer können dienen: ein großer und fester Karton mit Deckel; ein freigeräumtes Fach in einem Kellerregal; eine leere Schublade in einer Kommode; ein alter Koffer oder eine alte Truhe auf dem Dachboden.
- In der Asservatenkammer kannst du alle Dinge aufbewahren, die nicht in deine kleinen Kartons, deine Karteikästen und deine Ordner passen, also Reifen- und Schuhabdrücke, größere Fundstücke und Beweismittel wie eine leere Brieftasche, Stricke, Kleidungsstücke, Bücher,

Hamburgerkartons, Schulhefte oder CD-Hüllen.

- Bevor du ein Fundstück in deiner Asservatenkammer einlagerst, musst du natürlich etwaige Spuren, die sich darauf befinden, sichern.
- Die einzelnen Asservate dürfen in deinem Karton oder Koffer nicht wahllos durcheinander liegen. Zum einen müsstest du regelrecht darin wühlen, um ein bestimmtes Objekt zu finden, zum anderen könnten sie beschädigt werden. Baue dir aus großen Kartonstücken Fächer, in denen du die Asservate sicher verwahren kannst.
- Achte darauf, dass die Asservate möglichst trocken gelagert werden, Papier kann z. B. durch Feuchtigkeit aufquellen und schimmeln.
- Aus diesem Grund gehören Lebensmittelreste nicht in die Asservatenkammer. Verderbliche Beweisstücke musst du fotografieren, wenn sie von Bedeutung sind, und die Fotos dann archivieren.
- Alle Asservate müssen natürlich mit einem Etikett versehen werden, aus dem hervorgeht, wann und wo du sie gefunden oder gesichert hast. Gehört das Beweisstück zu einem konkreten Fall, muss dies auf dem Etikett natürlich vermerkt werden. Am besten schreibst du den Namen des Falls dazu, zum Beispiel „Fall Niagara“. Im entsprechenden Ordner in deinem Fall-Archiv heftest du dann einen Hinweis auf dieses Objekt ab.
- Klebe das Etikett nicht direkt auf das Asservat, sondern befestige es mit einer Schnur. So kann es entfernt werden, ohne dass der Gegenstand beschädigt wird.

Asservat, das = ein in amtliche Verwahrung genommener Gegenstand, der für eine Gerichtsverhandlung als Beweismittel wichtig ist.

Die Fahndung

Am Ende einer erfolgreichen Detektivarbeit steht sehr oft die Fahndung. Gefahndet wird nicht nur nach Verdächtigen, sondern auch nach vermissten Personen, nach Zeugen, nach verschwundenen Haustieren und nach verlorenen oder entwendeten Gegenständen. Um eine Fahndung erfolgreich durchzuführen, musst du allerdings einige wichtige Dinge beachten.

DIE RICHTIG ANGELEGTE FAHNDUNG

- Mit richtigen Steckbriefen nach richtigen und gefährlichen Gangstern fahnden darf nur die Polizei. Nur ihr ist es erlaubt, öffentlich und auf Plakaten einen Menschen einer Tat zu bezichtigen, zum Beispiel: Gesucht wegen Mordes. Diese Aufgabe überlässt du daher auch der Polizei, die dafür zuständig ist.
- Aber nach Zeugen, nach vermissten Tieren, nach vermissten Personen, nach Gegenständen darfst und kannst auch du suchen. Und auch

an der Suche anderer kannst du dich beteiligen. Jeden Tag verschwinden Menschen in Deutschland und werden von ihren Angehörigen gesucht. Diese gründen oft besondere Initiativen, um ihre Verwandten oder Kinder wiederzufinden. Am bekanntesten ist wahrscheinlich die Elterninitiative für vermisste Kinder. Vielleicht kannst du ja mit einem Hinweis helfen:

WWW.VERMISSTE-KINDER.DE

- Wenn du einen Computer zur Verfügung hast, kannst du eine eigene Homepage einrichten, auf der du nach Zeugen oder verschwundenen Dingen fahndest.
- Auch die klassischen Methoden sind nicht aus der Mode und bewähren sich nach wie vor. Gut geeignet sind eine Annonce in der Zeitung, ein Mini-Steckbrief im Supermarkt, ein Aushang am schwarzen Brett in der Schule oder im Café.
- Annoncen in der Zeitung haben den Vorteil, dass man sie unter Chiffre aufgeben kann. So erfährt nicht gleich jeder, wer derjenige ist, der sie aufgegeben hat. Das weiß nur die Zeitung. Bei Aushängen am schwarzen Brett musst du natürlich eine Telefonnummer oder eine E-Mail-Adresse hinterlassen.
- Du kannst auf einem Aushang auch einfach nur darauf hinweisen, dass sich bestimmte Vorfälle ereignet haben oder immer wieder ereignen, zum Beispiel dass wieder leere Dosen und Flaschen über einen Zaun in einen Garten geworfen wurden, dass immer wieder Autos auf dem Bürgersteig parken oder irgendjemand regelmäßig die Luft aus Fahrradreifen lässt.
- Je klarer formuliert dein Steckbrief oder deine Anzeige ist, je genauer deine Beschreibung, umso größer ist die Aussicht auf Erfolg. Gib dir also Mühe und fasse dich kurz, denn sehr lange Texte werden ungern gelesen.

Hefte kleine Zettel mit deiner Telefonnummer und/oder E-Mail-Adresse an deinen Aushang, so dass ein Zeuge einen abreißen und mitnehmen kann.

Bobs Tipp

Einen Steckbrief kannst du prima einsetzen, um Mitglieder für einen Detektiv-Club zu suchen. Als fett gedruckte Überschrift sollte „Gesucht“ über dem Steckbrief stehen, so dass jeder gleich begreift, um was es geht. Illustriert wird der Steckbrief mit dem Phantombild eines sympathischen Mädchens oder Jungen. Dann kommen die Eigenschaften, die du von einem neuen Mitglied erwartest, vielleicht auch die besonderen Fähigkeit, mit denen er deinen Club bereichern kann. Zum Schluss folgt deine Telefonnummer. Schon viele neue Clubmitglieder wurden auf diese Weise steckbrieflich gesucht und gefunden. Genau der passende Stil für Detektive.

Öffentlichkeits-arbeit

Wenn du einen Detektiv-Club mit mehreren Mitglieder gegründet hast, kann es sehr sinnvoll und wichtig sein, die Öffentlichkeit über eure Ziele und Aktionen zu informieren. Vor allem, wenn man beschlossen hat, sich um Umweltvergehen zu kümmern, ist man auf die Hilfe der Öffentlichkeit angewiesen. Auch wenn ihr auf Missstände und Ungerechtigkeiten hinweisen wollt, müsst ihr Öffentlichkeitsarbeit betreiben. Vielleicht melden sich bei dieser Gelegenheit auch gleich ein paar neue Mitglieder.

TIPPS ZUR ÖFFENTLICHKEITSARBEIT

- Stellt euch in einem Artikel in der Schülerzeitung vor, berichtet über eure Ziele, eure Aktionen und eure Abenteuer.
- Richtet eine eigene Homepage ein. Wenn euch die Möglichkeiten und Kenntnisse fehlen, fragt bei euren Eltern, Lehrern und älteren Geschwistern nach.
- Schickt an Interessierte einen regelmäßigen Newsletter per E-Mail. Diesen aktuellen Rundbrief verschickt ihr regelmäßig an verschiedene Adressen.
- Meldet euch bei der Redaktion eurer Lokal- oder Regionalzeitung. Berichtet über euren Club und eure Aktionen. Mit etwas Glück landet ihr mit einem Gruppenfoto in der Zeitung.
- Sucht per Steckbrief neue Mitglieder und macht bei der Gelegenheit auf euren Club aufmerksam (Seite 110 – 111). Verteilt diese Steckbriefe auf alle erreichbaren schwarzen Bretter.
- Gebt eine eigene Clubzeitung heraus, die ihr am Computer schreibt und im Copyshop kopiert. Ein DIN-A4-Blatt reicht für den Anfang schon aus. Verteilt die Clubzeitung an Clubmitglieder und Interessierte.
- Versucht, Sponsoren für euren Club zu gewinnen. Stellt euch Geschäftsleuten vor, berichtet von eurem Club und euren Zielen. Mit etwas Glück unterstützen sie euch mit Sachspenden oder sogar

Die Mitglieder im Einzelnen: (von links, stehend) Marianne Klausen, Michael Kleinschmitt, Dörte Glubsch, (vorne mitte) Frank Waschgang *Foto: dpa*

Junger Detektivclub sucht Sponsoren

Die "Schnüffler" haben bisher jeden Fall gelöst!

ein paar Euro für eure Clubkasse.

▸ Bietet eure Dienste, sofern es sich um lösbare Aufgaben handelt, Nachbarn, Freunden und Bekannten an. Vielleicht könnt ihr ja einen verschwundenen Gegenstand oder ein vermisstes Tier ausfindig machen.

Bobs Tipp

Wenn ihr euch an einen möglichen Auftraggeber wendet, macht es sich gut, eine Visitenkarte zu überreichen. Auch wir haben stets einige Exemplare der von Justus entworfenen drei-???-Karte bei uns. Es ist gar nicht so teuer, Visitenkarten herstellen zu lassen. Frage einfach in einem Copyshop nach. Auch viele kleine Druckereien und Zeitungen machen immer wieder preisgünstige Angebote. Wenn du einen Computer hast, kannst du dir deine Visitenkarten sogar selbst drucken. Im Schreibwarenhandel gibt es dafür spezielle Kartons für deinen Drucker mit vorgestanzten Visitenkarten zu kaufen.

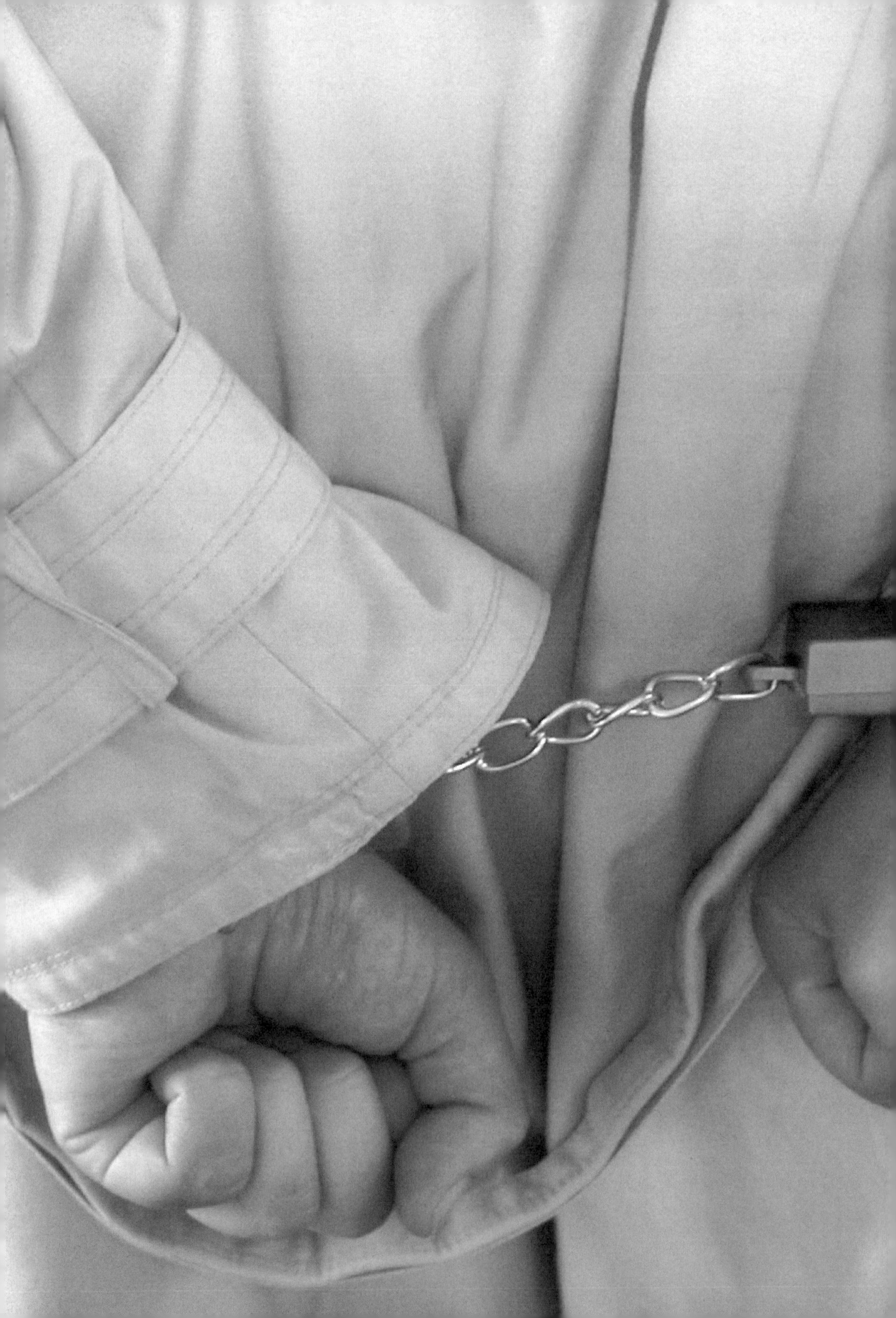

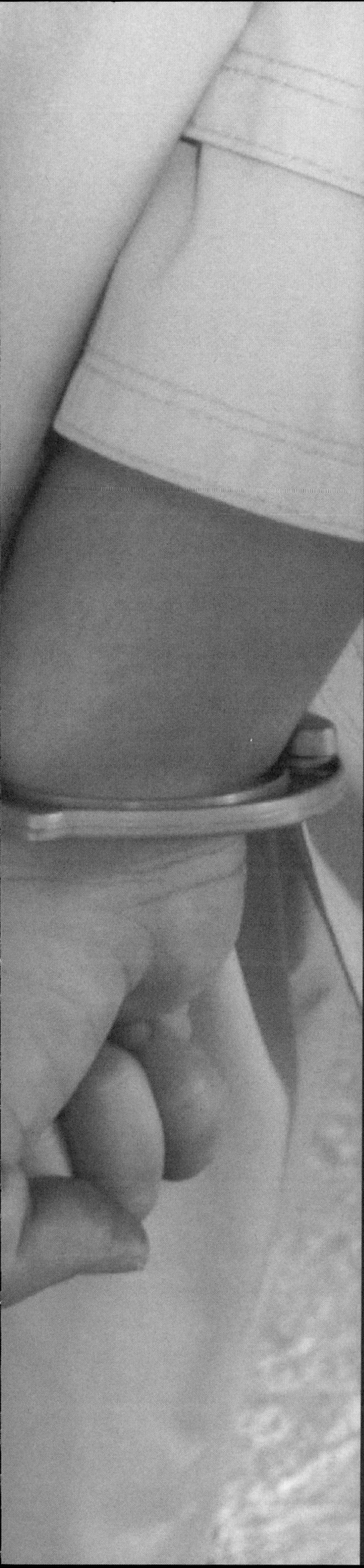

Trainings-Camp für Detektive

Nun aber wird es höchste Zeit, dein neu erworbenes Wissen in der Praxis zu erproben! Dafür eignet sich ein Detektiv-Trainingsspiel am besten. Für den Fall der Fälle gibt es gleich drei verschiedene Versionen dieses spannenden Spiels. Da du nicht immer einen Detektiv-Club zur Verfügung hast, ist die erste Version für einen Detektiv gedacht, der es gewohnt ist, seine Falle alleine zu lösen. So wie Sam Spade oder Philip Marlowe. Die zweite Version ist für eine kleine Gruppe von Detektiven gedacht, die dritte Version für eine größere Gruppe, die zudem mehr Zeit entbehren kann.

Als Detektiv in geheimer Mission

Die Story

In vielen Fällen muss ein Detektiv einen Auftrag alleine übernehmen. Und oft geht es dabei um die Feststellung der Identität eines Unbekannten. Daher ist das erste Trainingsspiel auch für einen einzelnen Detektiv gedacht. Auf ihn wartet eine schwere und spannende Aufgabe!

Stelle dir folgende Situation vor: Du bekommst von einem Klienten den Auftrag, so schnell wie möglich so viel wie möglich über eine unbekannte Person herauszufinden und seine Adresse festzustellen. Gleichzeitig sollst du ihn an einem bestimmten Tag observieren und notieren, was er an diesem Tag tut. Als der Name fällt, ist dir klar, dass die Person dir nicht völlig fremd ist. Die Gefahr, von ihr erkannt zu werden, ist also groß. Keine leichte Aufgabe!

MacGuffin

In den folgenden Spielen dreht sich alles um ein „MacGuffin". Was ein MacGuffin ist? Nun, mit diesem Begriff hat Alfred Hitchcock den Grund eines Verbrechens gemeint, das Motiv einer Tat oder das Objekt, hinter dem alle her sind. Für den berühmten Filmregisseur war dieses MacGuffin übrigens zweitrangig. Im Vordergrund stand für ihn immer die Geschichte und die Aufklärung des Falls. So soll es auch bei den Detektivspielen sein. Action und Spaß sollen hier im Vordergrund stehen.

Für das Spiel brauchst du:

- **Anzahl der Mitspieler: ein Detektiv**
- **Dauer: ein bis zwei Nachmittage**
- **Material: wie im Trainingsbuch beschrieben**
- **MacGuffin: Adresse und Identität**

UND SO TRAINIERST DU

- Wähle einen Freund oder Bekannten deiner Eltern aus, es kann auch ein Verwandter von dir sein, ein Schulfreund oder ein Bekannter aus dem Sportverein oder dem Schwimm-Club. Wichtig ist noch, dass die Person irgendwo in deiner Nähe, deinem Dorf oder deiner Stadt wohnt, du aber ihre genaue Adresse nicht auswendig weißt.
- Diese harmlose Person ist deine Zielperson. Frage sie bei einer passenden Gelegenheit, ob sie als ZP in diesem Spiel mitwirken will. Wenn sie einverstanden ist, kann es losgehen. Allerdings ist der Clou an der Sache, dass du der ZP nicht verrätst, wann es losgeht. Der Tag ist der ZP also nicht bekannt, nur die Woche solltest du ihr verraten. Im Gegenzug lässt du dir von der ZP kurz erzählen, was sie für gewöhnlich tagsüber macht. Diese Informationen entsprechen dem Briefing, das dir ein Klient geben würde.
- An einem von dir ausgewählten Nachmittag (in den Ferien geht natürlich auch der Vormittag) packst du deinen Rucksack und machst dich auf den Weg. Dein Auftrag: Auffinden der ZP, observieren, so viel wie möglich über sie feststellen, Adresse und Telefonnummer ausfindig machen, wenn möglich Fingerabdrücke sichern, einen Tagesbericht anfertigen und eine Karteikarte für die Kundenkartei anlegen.
- Bei dieser Aufgabe dürfen alle von dir selbst gebauten Instrumente eingesetzt werden, zum Beispiel das Periskop, das Observierungsbuch oder das Stethoskop. Du musst auf alle Situationen vorbereitet sein und auch an deine Verpflegung und geeignete Kleidung denken. Auch dein Notizbuch, ein Fernglas, eine Lupe, ein paar Umschläge für Spuren und die Fingerabdruckausrüstung darfst du nicht vergessen. Ein Fotoapparat wäre natürlich super.
- Sobald du die ZP ausfindig gemacht hast, folgst du ihr und observierst sie. Sie weiß zwar nicht, dass du diesen Tag ausgewählt hast, aber sie rechnet mit einer Observierung – wie ein echter Verdächtiger. Außerdem kennt sie dich – wie auch ein echter

Ein „Briefing“ ist ein Informationsgespräch zur Einweisung in eine Aufgabe. Das Wort „brief“ entstand aus dem Lateinischen Wort „brevis“ und bedeutet so viel wie „kurz“.

???-Tipp

Diese Fähigkeiten werden bei diesem Fall besonders trainiert:

- **Observieren**
- **Recherchieren**
- **Tarnen**
- **Fingerabdrücke sichern**
- **Karteikarte für Kundenkartei anlegen**
- **Personenbeschreibung**

Verdächtiger den Detektiv kennen könnte. Du musst also höllisch aufpassen und dich notfalls gut verkleiden.

▸ Achte auf alles, was die ZP tut, wen sie trifft, mit wem sie spricht, was sie wo einkauft, was sie anfasst und was sie wegwirft. Denke daran, dass an einer Zigarettenschachtel oder einem anderen Gegenstand Fingerabdrücke sein könnten.

▸ Merke dir ganz genau, mit welchen Leuten deine ZP spricht oder wen sie auch nur im Vorübergehen grüßt. Es kann sehr wichtig für die Lösung eines Falls sein, die Kontaktpersonen des Verdächtigen zu kennen, um sie notfalls auch beschatten zu können.

Am besten notierst du dir unauffällig alle Einzelheiten, die nötig sind, um eine Personenbeschreibung (siehe Checkliste auf Seite 65) anzufertigen.

▸ Steigt die ZP in einen Bus, wirf einen Blick auf die Linie und steige ebenfalls ein, sofern es dir möglich ist. Steigt sie in ein Auto und fährt davon, merke dir das Kennzeichen, den Wagentyp und die Farbe. In diesem Fall musst du die Observation an einem anderen Tag fortsetzen.

▸ Folge der ZP bis zu ihrer Wohnung, notiere den Straßennamen und die Hausnummer, stelle fest, wer sonst noch in dem Haus wohnt, und versuche so viel wie möglich über ihre Wohnung in Erfahrung zu bringen. Wie groß könnte sie sein? In welchem Stock liegt sie? Hat sie einen Hinterausgang?

▸ Dann kehre in dein Detektivbüro zurück und schreibe deinen Tagesbericht. Suche ihre Telefonnummer im Telefonbuch. Sieh nach, ob über sie etwas im Internet zu finden ist. Vielleicht hat sie eine Homepage mit einem Foto, das du verwenden kannst. Stelle nun eine Karteikarte für sie aus. Kennst du ihre Körpergröße? Hast du ihre Fingerabdrücke?

▸ Wenn dir die Observation geglückt ist, die ZP dich nicht bemerkt hat und du eine umfangreiche Karteikarte über sie anlegen konntest, hast du dich als guter Detektiv erwiesen! Präsentiere bei Gelegenheit der ZP das Ergebnis deiner Arbeit. Sie wird Augen machen!

Dem Unbekannten auf der Spur

Die Story

Deine Detektei hat einen heißen Auftrag übernommen: Ihr sollt die Spur eines Unbekannten aufnehmen und seine Identität ermitteln. Der Unbekannte wird von dem Klienten verdächtigt, einen Betrug begangen zu haben. Doch um ihm diesen nachweisen zu können, muss euer Klient zunächst wissen, um wen es sich handelt. Eine Aufgabe, die ein oder zwei Detektiven übertragen wird. Alles läuft glatt, bis der oder die Partner in deiner Detektei eine plötzliche Nachricht von dem oder den ermittelnden Detektiven erhalten. Sie sind dem Unbekannten auf der Spur, brauchen aber dringend Hilfe. Vielleicht sind sie sogar in großer Gefahr. Der Rest der Detektive muss sich also umgehend auf den Weg machen, dem oder den Partnern folgen und die Identität des Unbekannten klären.

UND SO VERLÄUFT DIE SUCHE NACH DEM UNBEKANNTEN VERDÄCHTIGEN

- Zunächst wird ausgelost, wer zur ersten Gruppe gehört. Die erste Gruppe (das kann auch ein einzelner Detektiv sein) wählt nun einen Unbekannten aus, also eine Person, die die zweite Gruppe nicht kennt. Das kann ein Schulfreund, ein Verwandter oder ein Freund aus dem Sportverein sein. Diese Person wird informiert und gebeten, die Rolle zu übernehmen. Für diese Rolle muss sie jedoch so gut wie gar nichts tun.
- Die Aufgabe der ersten Gruppe ist es nun, einen Tatort und Spuren vorzubereiten, die zu dem Unbekannten führen. Der Tatort kann das Zimmer eines Detektivs sein, das durchsucht wurde. Dort beginnt auch für die zweite Gruppe die Verfolgung der ersten. An diesem Tatort müssen Hinweise zu finden sein, die auf die Spur des Unbekannten und der ersten Gruppe führen. Diese Hinweise können Adressen sein, die auf einen Block geschrieben wurden und erst wieder lesbar gemacht werden müssen (Seite 31), ein Brief in Geheimschrift oder geschrieben mit unsichtbarer Tinte (Seite 28).
- An einem vorher vereinbarten Nachmittag erhält die zweite Gruppe eine Nachricht von der ersten mit der dringenden Bitte um Hilfe. Ihre genaue Situation bleibt aber unklar. Diese Nachricht kann ein Brief, ein kurzer Telefonanruf oder eine Botschaft in einem TBK sein. In dieser Nachricht wird als einziger Hinweis der Tatort genannt, zu dem die zweite Gruppe freien Zugang haben muss.

Für das Spiel brauchst du:

- **Anzahl der Mitspieler: 2 bis 4 Detektive**
- **Dauer: zwei bis drei Nachmittage**
- **Material: wie im Trainingsbuch beschrieben**
- **MacGuffin: Identität des Unbekannten, Hilfe für die Freunde**

- Die zweite Gruppe hat nun die Aufgabe, den Spuren des Unbekannten bzw. der ersten Gruppe zu folgen. Diese Spuren werden selbstverständlich von der ersten Gruppe gelegt, die sie zuvor vorbereitet hat. Diese Spuren können Kreidezeichen, Personen- und Ortsbeschreibungen sein, Hinweise, die in TBK liegen, geheime Nachrichten in Hauseingängen (Seite 56–57) und vieles mehr. Die Auswahl bleibt eurer Kreativität und

Fantasie überlassen. In Absprache mit dem Unbekannten kann es auch möglich werden, ihn zu observieren, um den Aufenthaltsort der ersten Gruppe ausfindig zu machen.

▸ Die Suche der zweiten nach der ersten Gruppe sollte so angelegt sein, dass eine Verfolgung der Spuren und

Hinweise durch deinen Stadtteil, dein Dorf, durch Wälder und über Felder führt. Je nachdem, wo ihr lebt.

- Die Spuren und Hinweise sind von der ersten Gruppe so zu hinterlassen, dass sie von der zweiten Gruppe auch gefunden und richtig gedeutet werden können. Sie enthalten auch Hinweise, die zur Identität des Unbekannten führen, zum Beispiel Schuhabdrücke, Fingerabdrücke, Rückschlüsse auf sein Alter, seinen Beruf, die Schule, die er besucht, seine Sportart.
- Nach zwei bis drei Stunden müssen diese Spuren zum Unbekannten führen, wo sich auch die erste Gruppe aufhält. Gemeinsam können sie den Unbekannten festsetzen und ihn vernehmen. Die zweite Gruppe muss bis dahin aus den gefundenen Spuren und Hinweisen möglichst viele Informationen über die Identität des Unbekannten gesammelt haben.
- Über die Vernehmung wird ein Protokoll geschrieben und über den ganzen Tag natürlich ein Tagesbericht.
- An einem anderen Nachmittag wird das Spiel wiederholt. Diesmal darf die zweite Gruppe den Unbekannten bestimmen und die Hinweise und Spuren vorlegen.

???- Tipp

Diese Fähigkeiten werden bei diesem Fall besonders trainiert:

- **Spuren am Tatort erkennen und sichern**
- **Fingerabdrücke und Schuhabdrücke sichern**
- **Geheimschriften schreiben und lesen**
- **Geheimzeichen hinterlassen und erkennen**
- **Observieren**
- **Protokolle und Tagesberichte schreiben**

Der Fall „Schwarzer Einser“

Die Story

Der berühmte „Schwarze Einser“ ist die erste Briefmarke, die in Deutschland herausgegeben wurde, und zwar im Jahr 1849. Ihr Wert betrug einen Kreuzer. Heute zählt diese Marke zu den wertvollsten der Welt. In deiner Stadt findet eine Briefmarkenausstellung statt, auf der sie zu sehen ist. Doch als du mit deinen Detektiv-Partnern die Ausstellung besuchen willst, ist die Marke verschwunden. Statt einen Blick auf den „Schwarzen Einser“ werfen zu können, seht ihr nur den Museumsdirektor, der sich mit einer verzweifelten Bitte an euch wendet: Ihr sollt den „Schwarzen Einser“ aufspüren, und zwar so schnell wie möglich. Diesen Fall nehmt ihr natürlich an! Erste Anhaltspunkte sind einige Fingerabdrücke und ein Streichholzbriefchen mit einer Adresse, das der Dieb verloren haben muss. Die Fingerabdrücke hat er auf dem zerbrochenen Glas der Vitrine hinterlassen. Offenbar dachte er, sich beim Zerschlagen des Glases verletzt zu haben, und hat deshalb einen Handschuh ausgezogen. Ein großer Fehler. Zusätzlich könnt ihr einen Schuhabdruck in der Erde hinter der Ausstellungshalle sichern. Die Jagd nach dem „Schwarzen Einser“ kann also beginnen – und ihr steckt bereits mittendrin ...

Für das Spiel brauchst du:

- **Anzahl der Mitspieler: 4 bis 10 Detektive**
- **Dauer: mehrere Tage**
- **Material: wie im Trainingsbuch beschrieben**
- **MacGuffin: Schwarzer Einser**

SO MACHT IHR EUCH AUF DIE SUCHE NACH DEM „SCHWARZEN EINSER"

- Jeder Detektiv erhält einen Umschlag, den er jedoch erst zu Hause öffnen darf. Diese Umschläge enthalten Zettel. Auf zwei dieser Zettel steht das Wort „Schwarzer Einser". Außerdem klebt auf einem der Zettel eine Briefmarke. Auf allen anderen Zetteln ist hingegen das Wort Detektiv zu lesen. Mit Ausnahme der beiden „Schwarzer-Einser-Diebe", die zu einem vorher vereinbarten Ort, dem „Diebesnest", kommen, dürfen die Detektive bis zum Beginn der Ermittlungen keinen Kontakt miteinander aufnehmen.
- Nun beginnt erst mal die Arbeit der Diebe. Nehmt euch die Zeit, sowohl einen geeigneten Platz für euer Diebesgut zu bestimmen als auch Spuren und Hinweise auf den Fundort zu legen. Klar, ihr dürft die Ermittlungsarbeit für die Detektive nicht zu schwer machen – aber mal eine falsche Fährte legen, das ist schon erlaubt. Ansonsten könnt ihr alles im Trainingsbuch Erlernte nach Herzenslust ausprobieren und testen. Ihr dürft sogar ins Archiv eindringen, dort etwas entwenden und dabei Spuren hinterlassen. Natürlich bestimmt ihr auch den Tatort (an dem der Schwarze Einser verschwunden ist) und präpariert ihn, indem ihr einen Fingerabdruck oder andere deutliche Spuren hinterlasst.
- Wenn alles arrangiert ist, geht es los. An einem geeigneten Nachmittag (oder Ferientag) lassen die Diebe einem der Detektive eine Nachricht zukommen. Dieser alarmiert die anderen, die sich sofort in die Zentrale begeben. Erst jetzt zeigt sich, wer den Part der Diebe spielt. Anhand der Hinweise und Spuren, die sie am Tatort, im Archiv und auf

der Nachricht vorfinden, nehmen die Detektive die Verfolgung auf. Ziel ist es, so schnell wie möglich den Schwarzen Einser wiederzubeschaffen.

- Die Diebe sind natürlich auch nicht untätig. Zwar habt ihr genügend Spuren vorbereitet, die so beschaffen sind, dass die Detektive eine faire und gute Chance haben, aber ihr dürft die Ermittlungen auch stören, die Detektive auf verschiedene Fährten locken, beobachten und belauschen, um euch anschließend neue Hinweise zu überlegen. Diese Spielzüge bleiben eurer Kreativität und Fantasie überlassen.
- Am Ende dieses Katz-und-Maus-Spiels, das je nach der zur Verfügung stehenden Zeit bis zu ein paar Nachmittagen dauern kann, erreichen die Detektive den Ort des Verstecks. Hier müssen sie nun die Diebe überführen und die Briefmarke finden, ohne das Versteck, vielleicht das eigene Zimmer, zu verwüsten oder zu zerlegen.
- Für diese letzte und alle anderen Aufgaben gilt natürlich, dass alles nur ein Spiel ist und fair bleiben muss. Auch das Versteck der Briefmarke muss zu finden sein. Bei der Überführung müssen sämtliche Hinweise und Spuren lückenlos vorliegen und vorgezeigt werden (Fingerabdrücke, Fasern von einem Pulli, Glasscherben usw.).
- Dass Tagesberichte geschrieben werden, versteht sich von selbst.
- Beim nächsten Mal übernehmen andere Detektive die Rolle der Diebe – so kann es nicht langweilig werden.
- Noch spannender wird dieses Spiel, wenn die Detektive in zwei Gruppen antreten (verschiedene Zettel bei der Auslosung) und zwei Detekteien gründen. Welche Detektei bzw. welche Gruppe findet den Schwarzen Einser zuerst?

???- Tipp

Diese Fähigkeiten werden bei diesem Fall besonders trainiert:

- **Spuren am Tatort erkennen und sichern**
- **Fingerabdrücke und Schuhabdrücke sichern**
- **Observieren und Verfolgen**
- **Suchen und Finden von Verstecken**
- **Recherchieren im Archiv**
- **Protokolle und Tagesbericht schreiben**
- **sich in andere Personen (hier: Täter) hineinversetzen**
- **Schlussfolgerungen ziehen**

Die drei ??? … ihre großen Fälle!

- ☐ **Angriff der Computerviren**
  978-3-440-11674-6
- ☐ **Fußball-Gangster**
  978-3-440-11675-3
- ☐ **Vampir im Internet**
  978-3-440-11676-0
- ☐ **Insektenstachel**
  978-3-440-11677-7
- ☐ **Hexenhandy**
  978-3-440-11679-1
- ☐ **Gift per E-Mail**
  978-3-440-11680-7
- ☐ **und der Schatz der Mönche**
  978-3-440-11681-4
- ☐ **Die sieben Tore**
  978-3-440-11682-1
- ☐ **Villa der Toten**
  978-3-440-11684-5
- ☐ **Auf tödlichem Kurs**
  978-3-440-11685-2
- ☐ **Der finstere Rivale**
  978-3-440-11686-9
- ☐ **Das düstere Vermächtnis**
  978-3-440-11687-6
- ☐ **Der schwarze Skorpion**
  978-3-440-11688-3
- ☐ **und der Geisterzug**
  978-3-440-11692-0
- ☐ **Spur ins Nichts**
  978-3-440-11693-7
- ☐ **Fußballfieber**
  978-3-440-11691-3
- ☐ **Schrecken aus dem Moor**
  978-3-440-11689-0
- ☐ **Geister-Canyon**
  978-3-440-11690-6
- ☐ **SMS aus dem Grab**
  978-3-440-11695-1
- ☐ **Schatten über Hollywood**
  978-3-440-11696-8
- ☐ **Schwarze Madonna**
  978-3-440-11694-4
- ☐ **Fluch des Drachen**
  978-3-440-11698-2
- ☐ **Spuk im Netz**
  978-3-440-11697-5
- ☐ **Haus des Schreckens**
  978-3-440-11699-9
- ☐ **Fluch des Piraten**
  978-3-440-11701-9
- ☐ **Fels der Dämonen**
  978-3-440-11700-2
- ☐ **Der tote Mönch**
  978-3-440-11703-3
- ☐ **und das versunkene Dorf**
  978-3-440-11705-7
- ☐ **Pfad der Angst**
  978-3-440-11702-6
- ☐ **Die geheime Treppe**
  978-3-440-11704-0
- ☐ **Das Geheimnis der Diva**
  978-3-440-11708-8
- ☐ **und die Fußball-Falle**
  978-3-440-11706-4
- ☐ **Stadt der Vampire**
  978-3-440-11707-1
- ☐ **Zwillinge der Finsternis**
  978-3-440-11548-0
- ☐ **und die Poker-Hölle**
  978-3-440-11567-1
- ☐ **Tödliches Eis**
  978-3-440-11568-8

Auf Englisch:

- ☐ **The Curse of the Cell Phone**
  978-3-440-10064-6
- ☐ **Poisoned E-Mail**
  978-3-440-10065-3
- ☐ **Soccer Mania**
  978-3-440-10640-2
- ☐ **The Haunted Ship**
  978-3-440-10790-4
- ☐ **Valley of Horror**
  978-3-440-10906-9
- ☐ **The Mystery of the Ghost Train**
  978-3-440-11148-2
- ☐ **Hidden Fouls**
  978-3-440-11422-3
- ☐ **The Pirate's Curse**
  978-3-440-11571-8

Jeder Band mit 128 Seiten, ab 10 Jahren
Je € 7,95; €/A 8,20; sFr 15,30
Preisänderungen vorbehalten

www.kosmos.de

KOSMOS